天行健,君子以自强不息;
地势坤,君子以厚德载物。

刘杰 ◎ 著

风心所向 素履可往
——一个农村娃梦圆清华的求学路

中国财经出版传媒集团

经济科学出版社
Economic Science Press

图书在版编目（CIP）数据

凡心所向　素履可往：一个农村娃梦圆清华的求学路／刘杰著．—北京：经济科学出版社，2019.3（2020.7重印）

ISBN 978-7-5218-0248-1

Ⅰ．①凡… Ⅱ．①刘… Ⅲ．①刘杰-传记 Ⅳ．①K825.46

中国版本图书馆CIP数据核字（2019）第026280号

责任编辑：刘　悦　杜　鹏
责任校对：靳玉环
责任印制：邱　天

凡心所向　素履可往
——一个农村娃梦圆清华的求学路

刘　杰　著

经济科学出版社出版、发行　新华书店经销
社址：北京市海淀区阜成路甲28号　邮编：100142
总编部电话：010-88191217　发行部电话：010-88191522
网址：www.esp.com.cn
电子邮箱：esp@esp.com.cn
天猫网店：经济科学出版社旗舰店
网址：http://jjkxcbs.tmall.com
北京时捷印刷有限公司印刷
710×1000　16开　12.25印张　150000字
2019年3月第1版　2020年7月第3次印刷
ISBN 978-7-5218-0248-1　定价：56.00元
（图书出现印装问题，本社负责调换．电话：010-88191510）
（版权所有　侵权必究　打击盗版　举报热线：010-88191661
QQ：2242791300　营销中心电话：010-88191537
电子邮箱：dbts@esp.com.cn）

序

  我出生在中国山东省的一个偏僻的农村，那里的生活没有一丝的波澜，除了岁月在流逝，生活日复一日，没有什么惊心动魄的变化。我喂过鸡、养过牛，在喧嚣闹市卖过菜，也在田野山间锄过草，我曾在无人的山野里呐喊，也曾在辗转反侧的夜晚哭泣。我曾暗下决心，未来一定要努力奋斗，要从这个破败的小村庄走出去，去见识更广阔的世界、去实现更伟大的人生抱负。

  中学时期，我曾在文学的世界里徜徉，渴望在未来的时候，我的一支笔、一段人生经历，能带给更多人梦想，带给更多人改变自我的勇气。生而为人，我们都在不断追求做最好的自己，穷则独善其身，达则兼济天下，读书人，心中自有一个天下。大学时期的清华园里，我在图书馆里度过了最美好的四年时光，对于人生、对于求学、对于未来，有了更多的人生感悟。

  一个人的时候，我喜欢找一个偏僻的角落，沉浸在眼前的世界里，任回忆在脑中泛滥，把过去所有的经历一点一滴地记录下来，把我的内心世界，毫无保留地呈现给你，同时也是一次对自己过去的深度反思。很多人曾经问我，你是怎样从一个信息闭塞的小村庄走出，成为母校建校以来第一位考上清华的学生，顺利地进入清华园，成为人人羡慕的清华学子，又是经历了怎样的心路历程，成为人人眼中的有为青年，一路走来，哭过、笑过、有辛酸、有喜悦，你要的答案，我想，就在这里。

2019年1月8日

CONTENTS ｜目录

第一章　快乐的童年　希望的种子　　　　　1
　　1. 农村人的期待　　　　　　　　　　　3
　　2. 放肆奔跑的日子　　　　　　　　　　5
　　3. 鸡蛋是感冒药吗？　　　　　　　　　6
　　4. 我们是吃瓜群众　　　　　　　　　　8
　　5. 村里老人的话　　　　　　　　　　　9
　　6. 我的爷爷　　　　　　　　　　　　　11
　　7. 那一次死里逃生　　　　　　　　　　15

第二章　村中读小学　　　　　　　　　　　17
　　1. 为什么让我复读　　　　　　　　　　19
　　2. 小板凳看我不顺眼　　　　　　　　　21
　　3. 我可爱的小驴你别哭　　　　　　　　22
　　4. 我的父亲母亲　　　　　　　　　　　24
　　5. 小宇宙的大能量　　　　　　　　　　26

6.六年级的拖拉机 28
7.农村子弟的执着 30

第三章 县城求学 33

1.我和我的自行车 35
2.偶遇小学老师 37
3.初一的自卑与无奈 40
4.感谢初中的班主任 43
5.校刊发表了我的文章 45
6.我的山东英语 48
7.中考来了 50

第四章 真正逆袭的高中生活 53

1.天生骄傲，首次落泪 55
2.读书求学，平凡中发现快乐 58
3.你的高中是否感到迷茫 63
4.野蛮体魄，文明精神 67
5.他山之石，可以攻玉 72
6.清华、北大两日学习 77
7.状元前来，激动万分 93
8.神秘的高考，两天纪实 95

第五章　神秘的清华园　　125

　　1. 初识清华，初心始成　　127

　　2. 快乐读书，暑假支教　　133

　　3. 爱上教学，潜心从教　　137

第六章　毕业后，开启教师职业生涯　　147

　　1. 站在校门口的十字路口　　149

　　2. 教学生涯学生问得最多的话　　151

第七章　前进的路上，有你，有我　　167

　　1. 全力奔跑，永远进步　　169

　　2. 不忘初心，永远努力　　184

学贵得师，亦贵得友（编辑手记）　　185

第一章

快乐的童年　希望的种子

1.农村人的期待

　　1987年9月12日是一个特殊的日子，在中国山东省的一个破败不堪的小村庄里，杰哥来到了这个世上，说这是一个特殊的日子，并不是说这个人天赋异禀、横空出世，而是在农村家庭里，一个孩子的出生，被赋予了太多的期待和憧憬。

　　很多家庭世世代代面朝黄土背朝天地耕作在自己的一亩三分地里，离开农村、脱离贫困，便成了梦想的传承，你的出生，接过了这光荣而艰巨的接力棒，开始下一轮的赶超。

　　而在那个年代的农村，儿子的出生，赋予的意义可能更大一些。

　　期待这个东西很神奇，过多的期待，有时候变成了压力，背负着压力去学习、去努力的时候，除了事情本身之外，多了一层担忧。一件简单的事情变得不那么纯粹的时候，这件事情也就很难做得那么完美了。孩童时期的我，不曾想到，18年后要面临一场高考，一场可以说是农村人为数不多的改变命运的考试，那场考试，成了六月最大的焦点。可是细细想来，原本只是几张试卷而已，其背后赋予的含义以及对于未来的影响，让很多人喘不过气来。

　　小时候家里很穷，父母的兄弟姐妹也很多，改革开放没多久，很多农村正处在上升的阶段，幸运的是，那个时期的温饱已经不是问题了，人们开始有了更高层面的精神追求。对于一个庞大的家族来说，我的到来是使大家感到喜悦的，但同时，对于家庭来说也是不小的负担，怎么照看我便成了一个很大的问题。如果我已经学会了走路，那么可以把我和其他小朋友一起放在村里，一起玩耍，自然不需要太多的照看。可是不会走路的这段时间里，家里农活很多，父母两人已经筋疲力尽，如果抽出其中一人专门照顾我，显然是不现实的。

父母想了一个办法，这也是我成人以后父亲告诉我的。他们把我放在一个篮子里，带着去庄

▲ 母亲与我

稼地里，田间地头地放着，干一会儿活，就把我往前挪个几十米，保证在视线范围之内，就这样，我人生的前几年里脑海中留下最多的就是湛蓝的天空和偶尔嬉戏玩耍的飞鸟，因为这几年大部分时间都是躺在田地里的，睁开眼睛，天空就是我的全部。

现在的很多孩子，天生娇贵，受不得半点儿委屈，稍有不如意，就开始撒泼耍混，稍有不顺心就开始怨天尤人、垂头丧气。其实是吃的苦不够多。如果在你一生的成长中，每一步都走得很艰难，那当你遇到新的需要解决的问题时，一定是坦然淡定的，因为你知道，问题总是要被解决的，你已经无数次的遭遇并解决了难题。

好的坏的，一切都会过去，人生大可以从容潇洒，当然，一切从容潇洒的背后，都是无穷无尽的汗水和持续不断地付出。

2.放肆奔跑的日子

童年时期,可以说是人生中最幸福的一段时光,没有压力、没有期待,不知道什么是理想,当然了,我的童年时期非常的简单而快乐。在那个年代的农村,刚刚勉强解决了温饱问题,是断然不会在孩童玩具上有什么投入的,我们小伙伴的快乐也非常的简单,大人们都去庄稼地里干活了,闲暇的午后,温暖的阳光,折一段树枝,我们可以和一窝蚂蚁快乐地玩一整个下午。

青蛙、蚂蚱、蚂蚁、小鸟,都是我们最可爱的小伙伴,花鸟鱼虫,田间嬉戏,村子有多大,我们的世界就有多大。那时候我们每天

▲ 从小生活的农村,最繁华的路口

都可以见到"一望无际的田野",只是那时候还不知道什么是"一望无际"。从家里跑到庄稼地里,不过十几分钟的路程,在麦浪里翻滚,在玉米地里摘野果子吃,那一定是世上最美味的水果,酸酸甜甜的,透着大自然甜美的气息。有一天下午,我们几个小伙伴在路上发现了一个废弃的轮胎,竟然推着它玩耍了一个下午,开心至极,简单生活,简单快乐。

随着年龄的增长,你会发现,发自内心的笑越来越少了,钩心斗角、争权夺利,这些充斥着你的生活,那些简单的快乐,一去不复返。除非你是一个善于发现美好的人,有这样一个故事:

有个富翁到海边度假,见到一个渔夫躺在沙滩上晒太阳,便问渔夫,这么好的天气为什么不去打鱼。渔夫说:"今天的鱼已经打够,现在要休息了。"富翁不解道:"天气这么好,你应该去打更多的鱼,以便可以买更好的船,赚更多的钱啊!"渔夫问:"那又怎么样呢?"富翁说:"那你就可以雇人出海,不用自己出海,只用舒服地躺着晒太阳就好啦!"渔夫说:"可是,我现在不正是躺着舒舒服服地晒着太阳吗?"

物质的富足带给人的快乐是暂时的,而精神世界的富足,却能带给人永恒的快乐,简单而纯粹。

3.鸡蛋是感冒药吗?

四岁的时候,我们一群小伙伴,照例在村子里闲逛,蹭吃蹭喝,有野果子吃野果子，没有野果子就看路上能不能碰到赶集回来的大爷大妈，因为离县城较远，村里人买菜都要骑自行车去很远的县城里的菜市场采购。

如果很幸运，碰上了赶集回来的大爷大妈，我们就蜂拥而上，乖乖地等待给我们的奖励。这个场景像极了聚众"乞讨"，但绝对是两件不一样的事情。大爷大妈为什么要奖励我们呢，在农村，热情有人缘是一件非常体面的事情，赶集回来，一群小孩童蜂拥而至，大有一种当了干部成了领导的架势，象征着这个人在村里人缘很好，让人徒生一丝的骄傲，于是就奖励我们的热情。

在那个年代，我们吃过最多的水果，第一是野果子，第二是黄瓜和西红柿，直到上了初中，到了县城，我才知道，原来黄瓜和西红柿被归入了蔬菜，瞬间有一种被欺骗的感觉。很多农村地区，思想稍微具有前瞻性一些的，不再种植普通的小麦、玉米这种北方常见的农作物，而是会搭建一个蔬菜大棚，种上黄瓜和西红柿，然后拿到县城里去卖。县城里的人买去了应该是用来做黄瓜西红柿炒鸡蛋。而在我们的世界里，黄瓜和西红柿就是长长的水果和红红的水果。

提到了鸡蛋，鸡蛋也是一个被我们小伙伴误解的食物，小时候肯定没法经常吃到鸡蛋，家里的鸡下蛋后，也都是拿到集市上去卖，只有一种情况下我们会吃到鸡蛋。北方的冬天很冷，老舍不是还写过一篇文章叫《济南的冬天》嘛，北方的冬天看似温柔，赶上北风来袭的时候，狂放不羁，甚是彪悍，一不注意就感冒了。每逢感冒，家里的老人都会拿出一个生鸡蛋，打一个孔，让我们像喝果汁一样把鸡蛋吸出来生吞了，然后老人就会露出满意的微笑，我们也感到了莫大的鼓舞，好像这是一剂"灵丹妙药"，烦人的感冒很快就要好了！所以在孩童时期，每次感冒都会这样做，一直以为生鸡蛋是治疗感冒的。

直到我上了小学，学了文化，才知道鸡蛋并不是一种治疗感冒的药，才知道并不是县城里的人格外爱感冒，要吃很多很多的鸡蛋，直到上了大学才知道，生吃鸡蛋是不安全的，会有一些细菌。

当我偶然学到一个知识，击败了固有的认知时，像知道了天大的秘密，内心泛起了波澜，整个人都要高兴地跳起来，从而又激发我强烈的求知欲和好奇心，这个世界太神奇，我要到处去看看。

这个时期的我，如果说有什么品质的话，我想最应该感谢的，是那个年代自己的懵懂，正所谓"初生牛犊不怕虎"，一切都是未知的，一切都是新鲜的，一切都由着好奇心去探索，学到了，就会产生巨大的成就感。

平凡的生活需要一点快乐，每天我们遇到的事物，其实都值得去观察、去探索、去了解、去学习，自然科学的魅力一直吸引着我，获取知识带来的快乐，弥补了物质的匮乏。

4.我们是吃瓜群众

农村的条件比较艰苦，冬日里几乎每顿饭都是白菜炖豆腐，白菜是自己家里种的，豆腐是村里种黄豆的人家里制作的，如果你家里有两颗白菜，总不能吃白菜炖白菜吧。拿出一颗就可以换一块豆腐，于是你家里就有了白菜炖豆腐。在农村里，就好像存在一个完整的生态系统，大家通过物物交换，就可以各取所需。直到我上初中了，村里还是流行这样的物物交换。村里经常有其他村开车来卖西瓜的,都是一斤小麦换一斤西瓜,当然有时候是两斤小麦换一斤西瓜,要根据某一种大人们约定俗成的规矩来换算,小孩子总是肆无忌惮外加一点不讲规矩的,邻村来卖西瓜的人总是吆喝着,"先尝后买啊,先尝后买啊","咦,又来卖瓜的了,走呀,一起吃瓜去呀"。于是,那个时候经常见到一个场景,农村大街上,一辆装满西瓜的三轮车停在路中央,周边聚集了一堆五六岁的吃瓜群众。等五六岁的这群孩子们大快朵颐地吃饱了,然后才是大人们拿粮食换西瓜,农村人很淳朴,卖瓜的老汉也不觉得有什么不妥。

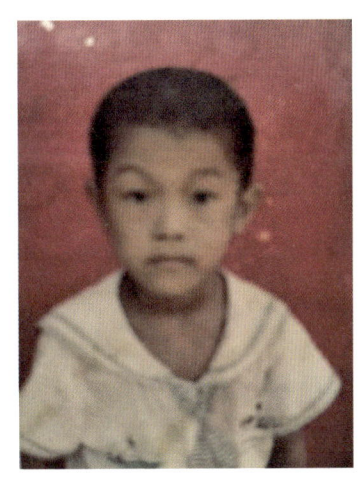

▲ 四岁的我

整个乡村的时光是慢的,人也是慵懒的,没有那么多的斤斤计较,以和为贵,其乐融融。

5.村里老人的话

冬天的时候,下一场大雪,庄稼地里就没什么农活了。稍微积极一些的年轻人,会去县城里找一些短期的工作,搬运工、家庭保洁、超市收银员等工作,而大部分农村人会在寒冬腊月中,窝在农村里,静静地享受这万物寂寥的寒冬。

农村里老的少的找一堵朝南的墙，开始了每年冬天的晒太阳活动，从国家大事到家长里短，从国外侃到国内，聊得不亦乐乎，热闹程度不亚于如今的广场舞，电视机拯救了村里人漫长而无聊的寒冬，我经常好奇地看着他们，想不到这些大人穿得破破烂烂，平时在田地里干活狼狈不堪的，聊起来竟然知道那么多，大人真厉害。

华北地区漫长而无聊的冬天实在是太难熬了，每天巴不得发生点什么新鲜事，就算是村子里突然闯入了一条从未见过的狗，也能引起一阵骚乱，这是谁家的狗？怎么没见过？大家小心点啊！这狗长得真好看，我家要有一条就好了。哎，这是谁家的狗啊？能聊上一上午。

村里有一位大家都很敬佩的老人，博学多才、上知天文、下知地理，是个文化人儿，读书多、见识广，经常说出一些我们听不懂的词语，之乎者也，出口成章。每到冬天的时候，大家都围着他听他讲故事，讲他年轻的时候"闯荡江湖"的经历，我躲在孩子堆里，静静地听着。他们把我从孩子堆里拉出来，问老人家，您觉得这娃以后有出息不。老先生看了我一眼，沉思片刻，就说了一句，这个娃"上天为龙，下地为虫"。

在五岁的年纪里，这八个字每个都认识，凑在一起，就不知道什么意思了。

我像知道了什么天大的秘密，一路小跑，赶紧回家告诉父母。

后来知道了，原来是说，培养好了，上天为龙，发展坏了，下地为虫。穷则独善其身，达则兼济天下，我们村多年没修的路有着落了，村里人都盼望着我早点长大吧。其实后来读书了我才知道，这是一句多么中性的评价，每个孩子都是潜力无穷的，加以培养，都能成为国家栋梁，成为造福社会之人。而如果不加管教，任由其发展，将来可能会危害社会。这其实是人的未来发展的无限可能性。

在一次毕淑敏的演讲活动中，有个学生提出了一个问题，说道："老师，人生有什么意义。"毕淑敏说，人生其实本没有什么意义，我们要为之树立一个意义。我理解的意思是，每个人都应该有自己的一个目标，或大或小，总要有一个方向指引着我们前进，否则，内心是非常空虚的，每天醒来，不知道为何而奋斗。在我幼小的年纪里，曾经以"上天为龙，下地为虫"作为自己骄傲的座右铭，虽然很明显这是一句很中性的回答而已。但在那个懵懂的年纪里，老先生的一句话，让我内心无比激动，仿佛我一定要做出一些与众人不一样的成就才可以配得上这八个字。

其实，人会成为他心目中的自己，你认为自己能取得多大的成就，未来能登上怎样的舞台，以后能帮助多少人，都由你自己决定。希望和动力，不断地在内心涌动，让我们朝着健康成长的方向努力，学会大爱与包容，学会无私与利人。这个世界一定会奖励那些一直保持正能量，一直默默付出、默默努力的人的。

6.我的爷爷

小时候，总是不经意地发现一些真相，让我震撼。原来他们经常聊的村支书是我爷爷，我爷爷就是他们口中的村支书。虽然没什么坏话，知道这个真相的时候，眼泪都要流了下来，我爷爷原来这么厉害，能和国外的名人放在一起聊，崇拜之情油然而生，那个时候还没有"网红"这个概念，但基本也就是这个意思了。当然我也成了"小网红"，这是后话了。

我的父亲，兄弟众多，我这一辈堂兄弟姐妹加起来也要十几人，贫穷的年代，物质总是匮乏，精神世界反而显得非常丰富。所有的兄弟姐妹里面，爷爷最疼爱的就是我了，所有的好吃的，只有我去的时候才会拿出来。当着其他孙子孙女的面，爷爷也毫不避讳地夸奖我，说我是这一代里唯一一个有灵气的孩子，这个岁数我已经知道什么是灵气了，大概是不傻甚至有点聪明的意思。

不知道为什么，那时候爷爷家里总是有奶粉，那在农村可是稀罕玩意儿。每次我去的时候，爷爷都拿出来给我冲上一杯，让我补充营养，变得越来越聪明。可能抖机灵抖多了，爷爷觉得我将是我们村第一个考上大学的人。也可能是强烈的好奇心，让所有人感觉到了异样，这个孩子怎么有那么多的为什么。后来有一次爷爷出去忙工作，好几天没有回来，实在等不及了，我翻墙到爷爷家偷喝了爷爷的一袋奶粉，弄得满桌子都是。显然后来爷爷知道了，他装作若无其事的样子，继续疼爱我、支持我，在爷爷那里，我得到了最大的宽容与关注。

人是一种很复杂的生物，我骨子里有很多的多愁善感，有一些伤悲，很多事情都能在我心里留下深深的烙印，并引起强烈的思考。一方面不惧困难；另一方面感情上又很容易受感动。直至工作以后，曾经的一位领导给了我一句评价，"侠骨柔情"，想来这是最了解我的一位领导了。爷爷在村子里地位很高，带着全村800多人从吃不饱到吃

▲ 家门前的景象

饱，从吃饱到愿意送孩子上学，一直到整个家庭改变命运，为了所有人的幸福，一点一点地奋斗和付出。

自古农村是非多，800多口人的一个村子里，每天都有处理不完的家长里短，今天这家吵架了，明天那家闹分家了，后天谁家孩子上学学费不够了，一切的事情都要村支书来解决，村支书像是一个大家庭的家长。后来看过一本书《白鹿原》，爷爷像极了里面的族长，也像极了整个村子里的大家长，每天早出晚归，从不休息，即使是这样，也依旧没有耗尽他的热情。

爷爷可能是太操心了，头发早就白了，身体也越来越不好，以前挺直的腰板竟然渐渐地有些弯曲，每天发愁于各种事情，一发愁就自己抽烟，经常听到他咳嗽，也经常把下面的村干部骂得不成样子。

有一天，早上起床出门的时候，村里的人都在哭，村里只有一条大马路，整条大街上跪满了人，老年人和中年人都泣不成声，父亲让我去看望一下爷爷,我躲在爷爷家门口不敢进去,好像意识到了什么,站在角落里,周围都是进进出出的人群,他们手忙脚乱地忙着,我捏着衣脚,不知所措,大脑一片空白。

爷爷去世了。

葬礼上,家里的亲戚,村里的百姓,都跪在地上,整个村子里停止了一切活动,全村人都停了下来,爷爷给村里人办了太多的实事,太多的家庭实现了温饱,送孩子去上了高中,成了有文化的人,在县城里找了工作,离开了农村,再也不用躬身于黄土地,大家哭得很凶,从早上哭到晚上,后来读书读到一篇文章《十里长街送总理》,我是班里唯一一个读完落泪的孩子,曾经感受过那样的场景,能体会到那样的悲恸。

葬礼那天,我竟然一滴泪也没有流,静静地在那里待着,我没有哭,但我一定是最难过的那个人。原来人在最痛苦的时候,是哭不出来的,整个人呆住了。

后来父亲告诉我,爷爷临终的时候只说了一句:"我还没看到我的刘杰考上大学。"

那一瞬间,我泪流成河。

在我经历了生活的诸多坎坷之后,生活遭遇的苦难很难让我落泪,反而有时候感动会让我不知所措,号啕大哭。

7.那一次死里逃生

因为济南处于黄河的下游，下游的村落里经常有些积水的池塘，比较大的能赶上水库那么大，我们在农村习惯称为"大湾"，这也是山东方言里的一种叫法。

遇上干旱的年份，大湾里的水就是整个村子的命。发大水或者下大雨的时候，大湾里灌满了水，而到干旱的时候，大湾的水正好可以灌溉周边的田地，秋后有没有粮食可以丰收，就靠这一湾的水了。大湾里的水很深，最深的地方有四五米，浅的地方也要一米多，生活在黄河下游的我们，从小就对水有莫名的亲切感，小伙伴们都是从小在水边长大，游泳像是水赋予的一项天赋，没有人专门去学，在水边玩得久了自然就会了。10个小伙伴里至少有9个是天生的游泳健将，我是那剩下的1个。

干旱的时候，大湾里的水不是很多了，至少我是这样认为的。

平时四五米深的大湾，是鱼儿非常好的栖息地，干旱的时候，村里人都会下去抓鱼，水浅的地方正好到膝盖，男女老少都下去了，有的能抓到几斤的黄河大鲤鱼，看到如此热闹的场景，我也热情地加入了广大人民群众的抓鱼活动中。走着走着，扑通一声，掉进了一个水深三四米的区域，我在深水里抬头可以看到阳光投射到水里，到我眼睛里的时候，变得不那么刺眼了，咕咚咕咚地喝了好几口水，偶尔脑袋露出了水面，还没来得及喊救命，就又被一股引力拉了回去，我憋足了勇气和力气，每次露出水面的时候，争取能完整地喊出一个救命，可是时间太短了，根本做不到。我也知道了电视剧里演的都是骗人的，他们演的都是溺水后整个脑袋甚至上半身都能在水面以上待很长时间，能喊很多次救命，然后顺利被营救，而我，一次完整的都没能喊成，每次喊出第一个字的时候，就被水呛了回去。

终于，挣扎了几次，我没有了力气，越挣扎陷得越深，我就一点一点往下沉，喧闹的声音越来越模糊，视线也开始变得模糊，只看到一个大大的光晕，在头顶上方，离我越来越远。

当时心想，这下我算是完了。

这个时候大脑缺氧了，没有了呼吸，大脑里出现了幻觉，分不清看到的景象是在现实中还是在梦幻里，在遥远的地方，我看到了爷爷，熟悉的笑容，我哭着说，爷爷，我完了。他竟然笑着对我说，你还有很多事情没有完成，你回去吧。

忽然，我被一只大手提了上去。吐掉所有的水，清醒过来。原来是村里的一位大伯把我拉了上来，他还笑着说，刚才还以为你在那儿搞恶作剧呢，一会儿上来一会儿下去的，上来下去的挺好玩，待会儿一看，怎么不上来了，这才知道你小子溺水了啊。

我活了过来。

或许是命运的安排，后来很多次的逢凶化吉，都好像得到了莫大的庇佑。

第二章
村中读小学

1.为什么让我复读

由于对未知世界的强烈渴望,五岁的时候父母就送我上学了,那个时候叫作学前班,小学一年级之前的班,大概相当于现在的幼儿园了。农村普遍是这个现象,小学一般就在自己的村里,也不需要接送,自己早上吃完饭就步行去学校了。学前班只学语文和数学两个科目,很多老师都来自其他村子,偶尔有几位是县城里来的,老师都很好,只是我很贪玩。下课以后我会用最快的速度把作业写完,然后所有的时间都用来玩耍,有时候上课时老师讲的东西,自己早就会了,就会迫不及待地在课堂上玩耍起来,经常被老师叫到办公室问话。

去办公室其实很幸福,教室里房间太大了,冬天很冷,而老师们的办公室很小,点一个农村的炭火炉子,整个房间暖洋洋的。有时候一些年轻的老师竟然在炉子上烤花生,碰巧了我也能吃上一些。也有一些家比较远的老师,中午就不回家了,在办公室的小炉子上做白菜炖豆腐,赶上中午被叫到办公室了,简直是一种煎熬,他们在那里吃白菜炖豆腐,我却在罚站。

学前班期末考试的时候,我语文和数学都考了满分,全班第一,也是全班唯一一个留级的学前班学员,有些地区的孩子可能不知道留级是什么意思,大概相当于现在的复读,让你期末考试后,下学期再学一遍学前班。

考完试回家后,我兴高采烈地等待收到下学期的教材,结果等来的却是留级的噩耗,在那么小年纪的我看来,简直是晴天霹雳。

生活中很多事情不就是这样嘛,身处其中的时候,你以为遭受了人生重大的不可逾越的劫难,等过去了,回首往事,不过如此。

显然,我内心有一万个不服气。

找到校长,按照农村的辈分,我要喊他爷爷,他竟然给了我一个让我无语凝噎的解释。

"按照规定,你的年龄太小,不能升入一年级"。

"你年龄比同班同学的年龄都小,担心你升入一年级后被欺负,还是再巩固一年学前班吧"。

到现在我也不明白,考了满分了,还要怎么巩固,索性第二次读学前班,每天上课带着字帖练字,外加因为不听课,去办公室吃花生。第二年,我又把学前班的语文和数学巩固了一遍,又考了满分,也终于等来了这群拖后腿的同龄人跟我一起升入一年级。

激动万分。

我经常说,为什么我的成绩这么好,是因为我在学前班打下了非常坚实的基础,别人一年学完的东西,我一年学到了满分,而且还又用了一年巩固了这个满分。

一年级的教材终于来了,如获至宝,学前班太无聊了,跟一个小姑娘学会了包书皮,新教材一到,赶紧把家里的报纸搜集起来,给每一本书包上了书皮,像给自己心爱的宠物做了一件衣服,别提多高兴了。到了一年级,除了学语文和数学外,还要学自然和思想品德。显然,我最喜欢的就是自然课了,可以说这是最早的关于自然科学的启蒙,最早的关于物理的启蒙,大自然的瑰丽与神奇,无时无刻不让我感到震撼,偶尔竟有一些感动。

有时候自然科学看多了,竟然忘记了周边的一切,专注是一件如此美好的事情,你可以让思想在大脑中徜徉,突破所有的时空障碍。

2.小板凳看我不顺眼

农村小学的教室,破烂不堪,连凳子都明显是二手市场买来的。我怎么发现的这个惊天的秘密呢,因为这时候我已经身高一米五了,坐在凳子上,明显感觉凳子是给学前班的同学准备的,由于我对学前班有一些不好的印象,因而对这一批桌椅也有一些不满。

那天下午,我到校到得早,教室里就我一个人,静静地注视着这个矮矮长长的凳子,竟然觉得它有几分可爱,同时又有几分调皮。

呵!你居然敢跟我调皮!

我抬起腿,狠狠地向下踹了它一脚。那时候不懂什么杠杆平衡,无知者无畏嘛。这一脚下去,凳子的另一头居然怒冲冲地飞了起来,它跟我一般高,正好打到了我的脑门上。我就说这凳子一定是二手市场买来的,要是新的,肯定很平整,那样的话我可能被拍成一张饼。但是这凳子它不平,另一头有一块凸起来的地方,正好打到我的脑门上,就这样,我脑门流血,晕了过去。

迷糊中闻到了熟悉的烤花生的味道,睁开眼的时候,我在办公室里躺着。

老师帮我清理了脑门的伤口,发现伤口太严重很难愈合,那时候医疗条件差,幸亏我们老师好像懂点"医学",她说,都闪开,让我来!

这老师点燃了一颗香烟,狠狠地嘬了一大口,烟灰收集下来,涂到了我的伤口上,就这样,血止住了,也留下了再也去不掉的疤痕。回想起来,老师可能用了个土方法止血,可是留下的伤疤却无人关心,那时候还不知道"颜值"这个词,要是知道,肯定换别的方法,疼没事,别破坏了我的"颜值"啊。

这道伤疤后来被很多人作了解读。

有人说,这道伤疤正好在两眼中间,额头中部,恰好处在对称的位置,仿佛开了"天眼",都说我是开了"天眼"的小孩,能看到他们看不到的世界。

有人说,额头中间有疤,代表少年多苦难,出身贫寒,命途多舛,这还用你说,大家都是一个村的。

还有人说,额头中间有疤,让眉眼之间多了一些英气,一看就是不凡之人,这个解释我最喜欢。

3.我可爱的小驴你别哭

为了帮助家里干农活,家里养了一头驴子,每次从地里拉庄稼回来的时候,都是靠它拉回来,它是我们家的大功臣。它能听懂我说的话,我让它前进它就前进,让它停它就停下。庄稼地里干农活的时候,它拉着车子在前面,父母在两面往车上装玉米,配合得相当默契。

后来它生了一头小小驴，简直萌翻了，太可爱了。驴子小的时候是不加锁链的，可以肆意地奔跑、玩耍，也不用干农活，只需要每天去田地里吃草，开心地长大就好了。孩童时期，它是我的好朋友，它记性好像不太好，也或许是太贪玩了。傍晚该回家的时候，它居然忘了回来，父亲派我前去找它，终于在村南头的田地里找到了它，我俩就在那里玩耍了起来。后来母亲遥远的声音传来，杰，带着驴子回来吃饭了！我才想起来我的任务。

村子不大，家长在大门口喊一声回家吃饭，恨不得全村都能听见。小时候我就知道了你妈喊你回家吃饭这个事情，像"圣旨"一样，听到那是要赶紧回去的。

有一天傍晚，大驴拉庄稼回来，它在一边溜达休息，我看它的尾巴好可爱，正好那个时候热播一个动画片，骑毛驴的阿凡提，阿凡提看得多了，我忘了驴也是有脾气的，就开心地走了过去，玩起了它的大尾巴！它可能不知道是我吧，竟然生气地尥蹶子。

它猛地抬起后腿，尥起了蹶子，我的身高正好合适，它的大脚丝毫不差地踢到了我的眼睛上，小时候身体非常瘦弱，直接给我踢了个后空翻。

这不，"啊"的一声，我又晕了过去，脸上全是血。

父亲听到声音连忙跑了出来，看到满脸鲜血、晕倒在地的我，他竟然像个受了委屈的孩子，说话有些哽咽。也没听清楚他说什么，大概是骂了驴子，感觉到他把我抱在怀里，直接百米冲刺般地冲向了我们村的卫生所。

卫生所的叔叔说，再往下两毫米，眼睛就彻底报废了。这话听完，我想到了海盗。

还好，只是踢到了眉骨上，眉骨开裂，所以才流了那么多的血，没伤到眼睛，视力也没有受到影响。缝针包扎后，整个眼睛被包了起来，我也过了一个月海盗般的生活。

回来以后，有惊无险，父亲气坏了，他把所有的慌乱和后怕都怪罪给了大驴，把大驴狠狠地打了一顿，期间看到小驴那么伤心，我就跟着伤心，便恳求父亲不要打它了，是我自己捣乱来着。

父亲其实也心疼大驴，毕竟那是我们家的大功臣，但更心疼我，万一把我的眼睛踢坏了，影响可是一辈子的，以后找媳妇都难呀。

4.我的父亲母亲

我的家庭条件很一般，父母也都是普通的农民，确实也没有什么丰富的文化，也不懂高深的理论，日出而作、日落而息的农村生活里，滋养出的全是善良和质朴，物质上也确实没有足够的满足，但是在精神世界上，在读书这件事情上，他们还是表现出了农村人的一往无前的大无畏精神，只要是关于学习的投资，绝无二话。

杰哥小学的时候，对两件事情表现出了莫大的兴趣：一是自然科学；二是语文作文。前者是自然界的规律让人好奇，后者是读到一些文章，作者对于语言的驾驭，对于传情的表达，让人心生敬畏。

每次母亲去县城里的时候，都会专门去书店，买最新的刊物给我读，古典名著读完了，就开始读一些期刊，每天最开心的事情，就是放学完成作业后，有自己独立的两小时里，沉浸在读书的时光里，我忘记了自我的存在，仿佛进入了另外一个世界，有了另一种人生和思考，正所谓，读书人，心中自有一个天下。我是多么的爱读书，沉寂其中，我可以忘记吃饭、忘记睡觉、忘记烦恼、忘记凡尘的一切。

在书的世界里，无论是达官显贵还是贩夫走卒，大家都一样。那里有花团锦簇，那里有百舸争流，那里有金榜题名，那里有命途多舛，那里有直挂云帆济沧海的豪情，那里也有一蓑烟雨任平生的洒脱，书中自有黄金屋，书中自有颜如玉，在书的海洋里，我是一名浪荡江湖的剑客，风流倜傥、洒脱不羁。

专注是一种稀缺的品质，我经常说，专注才能造就专业。有人曾拿爱因斯坦的相对论来举例，说如果你在读一本枯燥无比的书，时间会过得很慢，如果你在跟一位美女用餐，时间会过得很快，其实时间还是那个时间，还是以光速在流逝的那个时间，是你的内在感受和关注点的问题，逝者如斯夫，不舍昼夜，时间花在哪里，你的成就就在哪里。

直到读四年级的时候，我才恍然发现我们学校怎么没有三年级。

惊讶而迟钝地发现，我是我们村小学最后一届学生了，等我们小学六年级毕业后，这所小学就要拆除，改建为一座养猪场了。大学毕业以后，回到村里，发现养猪场变成了养牛场，据说是这些年牛的行情更好一些，村里纷纷养牛了，小学同学也成了那个养牛场的厂长，他一定想不到，自己读了七年书的地方，后来被他拿来养牛了。

随着时光的流逝，我们和小时候的同学、生活渐行渐远，人的一生就是不断地与过去道别，去拥抱新的未来的过程。

5.小宇宙的大能量

农忙的时候,农村孩子免不了要干农活。

虽然只有十几岁,但是在村里长大,目睹着父母的不易,自己力气越来越大了,有能力帮忙干活了,自然会争取一切机会去分担。五年级暑假的时候,长达两个月,那个时候,正好是北方收割完小麦,种上玉米的时节,有一项工作是除草。玉米苗冒出来的时候,要手动拔掉周边的杂草,这样能让营养尽可能地被玉米苗吸收,能长得好,秋后可以多收一些玉米。这是一项特别需要耐心的工作,迫于生计,父母要去县城里打工,为了同时照顾好庄稼地,早上他们都会早起去

▶小时候独自劳作的田地

地里干两小时的农活，然后再去上班，下午下班后再去地里干一小时的农活，直到天彻底黑了看不到了再回家，无比的辛苦。

为了帮他们分担，我每天早上起床后，先打扫卫生，然后骑着三轮车去地里干活，中午热得受不了就回家自己做饭吃和写作业，下午太阳没那么晒了，继续骑上三轮车去地里拔草，年龄还是太小，手上磨了很多的水泡。每次骑着三轮车从村里去田地干活的时候，村里的老爷爷老奶奶都说，这小子以后了不得，这么小的年纪，不贪玩，还能每天准时地去地里干活，了不得。我想他们大概说的是自制力和自律这个东西。

十几岁的时候，正是贪玩的年龄。但是家庭的现状，让我比同龄人更成熟一些，农村里有句话，叫作穷人的孩子早当家，父母都去打工挣钱了，自己不会做饭那就要饿着，多么简单的现实，很多时候我们不能抱怨贫穷，一来抱怨解决不了问题，二来贫穷带来的个人成长远比富贵带来的更接近生活的真相一些，早一些知道父母的不易，或许能激发更大的动力，去努力、去改变。

在广袤的田地里，我瘦弱的身影几乎可以忽略不计。农村的地一垄很长，我蹲在地上，一点一点地拔草，然后把拔下来的草根部朝上放着，这样中午太阳可以直射草的根部，绿草就变成了枯草。没有农村生活经验的孩子肯定不知道这个小技巧，如果拔草以后直接放在那里，根部只要贴上了地皮，就会很快生出新的根，继续疯狂地生长。有时候干活累了，站起来活动一下，望一望远方，发现到头好远啊，什么时候才能清除完这一垄的杂草啊，清除完稍事活动，继续蹲下来除草。

这段经历在后来的人生里对我帮助很大，高三那一年，压力很大，母亲就问我，还记得你小时候除草时的感受吗？

当你去看一个遥远的目标的时候，过大的压力会让自己感觉无助和无望，但是如果你把更多的精力关注眼前，把眼前的事情做好、做到位，过一段时间你抬头看的时候，发现目标一下子近了一大截。所谓仰望星空，脚踏实地，目标可以很高远，但路是一步一步走出来的。

6.六年级的拖拉机

为了增加生活的收入，父母不只是种自己的地，还额外承包了别人的地来种。

在之后长达七八年的时间里，父亲每年暑假都要在忙完农活以后大病一场，实在是太辛苦了。大驴年龄也越来越大，再也干不了那么

▶ 小时候开过的拖拉机

多的农活了。家里添置了一台拖拉机，现在的很多农村还能见到这样一款拉风的车。暑假忙不过来的时候，我让父亲教会了我开拖拉机，北方收小麦的时候，先是把小麦收割，放到一大片空地上晾晒，晒得很干的时候，要开着拖拉机拉着滚子在小麦上碾压，这样麦粒掉下来就沉在了最下面。

那一年的暑假，你会看到一个12岁的少年，开着一个庞然大物在一片广袤的广场上奔腾，那就是我，一个风一样的少年，我喜欢把拖拉机开得飞快，与太阳肩并肩。

这个现象在村子里很常见，也很好玩。相比于拖拉机，十几岁少年的身形是十分渺小的，你会见到农村的马路上，来来往往经常有少年开着拖拉机拉着庄稼飞驰，这也是农村奇妙的景色，庞大的拖拉机加上瘦弱的少年，这个反差有一点点搞笑，又难免让人萌生一丝的心酸。

大学毕业学习驾照的时候，第一节课，教练坐在副驾驶，问我，"你开过车吗？"我小心翼翼地回答教练，"农村的拖拉机算吗？"教练很高兴地告诉我这个车挂挡是这样的，三分钟以后，教练说，"来，开吧，咱们去盘山公路训练去"。教练说，"拖拉机你都会开，开汽车小菜一碟"，汽车相比于拖拉机，无论是刹车，还是油门，无论是驾驶感还是操控性，都简单很多。果然，第一节课，别人都在原地熟悉车辆的时候，我就开着车拉着教练去盘山了。

后来才慢慢知道，越好的车，开起来越简单，很多功能也更智能、更人性化，村里笨重的拖拉机应该是最难开的，连打火都是靠手摇的。当多年以后我开着一辆全村人听过但是从没见过的豪车回家探亲的时候，父母绕着车子转了好几圈，仔细打量了一番，我请父亲坐上驾驶的位置，告诉他怎么发动、怎么行驶的时候，他内心是无比喜悦的，后来他开着车带着全家出门，像极了小时候他把拖拉机交给我让我驰骋的情景。

7. 农村子弟的执着

那一年大旱来临，连续一个月没有下雨，庄稼都快要死了，村里人非常着急。

庄稼地周围的河里都枯了，全家出动导水灌溉，所谓导水灌溉，是农村遇到大旱时的一种做法，就是两家人合伙，你家的发动机负责把A河的水导入B河，我家的发动机负责从B河里把水导入两家的庄稼地里，有点像小规模的"南水北调"工程。水流到庄稼地里时施肥最好，而且大旱的时候浇水要在深夜气温降下来时才能进行，如果在白天，炎热的午后，滚烫的热水灌溉给庄稼，庄稼苗会死掉。晚饭过后，全家出动了，父母负责在田间施肥，我负责在河边看守机器。夏天的夜晚，有蛐蛐鸣叫，远处有青蛙啼鸣，倒也是有趣，我守在机器旁边，时间一分一秒地过去。担心机器被路过的车辆碰坏，我一夜未眠，就老老实实地守在机器旁边。在这个漫长的黑夜里，没有手机、没有电视、没有灯光，无法看书，只能就这样呆呆地等待着天亮，凌晨到来的时候，家里的舅舅前来送早饭，他发现我竟然一夜没睡，就这样待了一个晚上，守护着机器。后来他告诉爸爸，这孩子身上有一股倔劲，像极了年轻时的父亲。

古之立大事者，不惟有超世之才，亦必有坚忍不拔之志。昔禹之治水，凿龙门，决大河而放之海。方其功之未成也，盖亦有溃冒冲突可畏之患，惟能前知其当然，事至不惧，而徐为之图，是以得至于成功。（苏轼《晁错论》）

唯坚韧不拔者，可成大事。

第三章

县城求学

1.我和我的自行车

小学毕业，对我来说是一个非常大的挑战，因为我不会骑自行车。

在农村，升入初中就意味着要走出这个农村了，村里没有初中，要去很远的县城求学，而农村父母不可能有时间接送，只能每人配备一辆破旧不堪的自行车，自己骑车去上学，十几公里的路，步行显然是不长久的，想来也是很恐怖的。

六年级毕业以后，家里把一辆自行车郑重地交给了我，虽然很破旧，虽然除了铃铛不响哪里都响，但毕竟是我人生的第一辆车，内心无比激动，父亲把自行车交给我的时候，无法抑制内心的砰砰乱跳，

◀ 初中的自行车

竟然忘记了自己不会骑自行车,刚上去就摔了下来,门牙就这么少了一块。后来有些弟弟妹妹小学毕业的时候,我都会贴心地告诉他们,先想好自己会不会骑,再上去哈,杰哥门牙还在的时候,也曾像你一样鲁莽。

学会骑自行车,可以说我用了一种非常惨烈的方式。

在农村,有很多的高台子,形成了一个个大的坡,如果从这地方冲下来的话,我想我就可以不用蹬了吧,就可以专注于掌握好平衡,等我学会了掌握平衡,再自己提供动力。安全起见,我找了一个很长的坡,坡下面正好是一大堆麦秆堆成的垛。或许你可以想象到这样的场景,一个12岁的少年,推着一辆构件已经稀里哗啦的自行车,登上高台,坐在车上,冲了下来,大有一种慷慨赴死的豪情在里面。幸亏找了一个垛,忙于掌握平衡,我竟然忘了怎么刹车,冲到了垛里,自然停了下来。

几分钟后我拖着我的自行车从垛里爬出来,毫发无损,我好像成功了。

▲ 当年的"宝马"如今已是旧物

那个岁数的孩子，骨子里自然有了一些叛逆，留了个小平头，短短的，但是唯独把前面留长了，在坡上滑行的时候，前面的几根头发随风飘扬，感觉自己要飞起来了。像小时候跟一窝蚂蚁玩一个下午一样，我和我的自行车快乐地玩耍了一下午。后来终于能在自行车上掌握好平衡了，只是暂时还没学会开始和结束。

刚去读初中的时候，每次离开家我都要把自行车推到坡上，上去后才能发动车子，然后骑车去学校，因为我不知道怎样在平地上蹦上一辆静止的自行车，然后运动起来，一路通畅，我可以骑得很快，快到学校的时候，放慢速度，找一个有坡的地方冲上去，自然停下，因为我也不知道怎么能在平地上拉了刹车后从一辆静止的车上下来。在我的学习生涯里，都是从垛里爬出来的。

在后来的人生经历里，我要感谢从农村生长起来的才蔽识浅，正是因为此，我才有了初生牛犊不怕虎的精神，才有了一切敢于尝试的勇气，有时候知道得太多反而惧怕，畏首畏尾，而不敢行动。如果知道贸然骑车会把门牙摔坏，我是万万不可能激动地上去骑的，也就不会有后来高超的车技。

2.偶遇小学老师

有了自行车，整个世界就大了。

放学以后，可以不着急回家，骑车去绕一些从来没走过的小路，发现更多的趣闻，不失为一件无比幸福的事情。

初中的时候,有一位特别好的朋友,他家在村东头,我家在村中间,我喜欢喊他阿涛,每天早上他都会在村东头等我一起去上学,从我们村里去学校简直太远了,十多公里的路,在路上大家可以一起玩耍,时间能过得快一些。初中的时候,大家天然地形成了一个一个的小团体,有时候早上各个团体恰好偶遇了,像是组成了我们村的一个大部队,几十辆处处都响的自行车,就这样泱泱地朝着学校方向驶去,让求学的路上,多了一点庄严的仪式感。

有一次去上学的路上,下起了大雪,天冷路又滑,我们骑得都很慢,早上下起了大雾,模模糊糊,能见度很低很低,前行中,看到前面一辆脚蹬的三轮车,拉着一车大白菜,赶往菜市场的方向,很不好意思,读完这本书的时候,你可能对大白菜产生了无比深刻的印象,也有可能想尝一尝北方寒冬里的大白菜炖豆腐是怎样的一种美味,本书中会多次提到大白菜,大家做好心理准备,因为在我们山东农村,那个时候,真的没啥别的蔬菜,大白菜就是贯穿整个寒冬的唯一的蔬菜了。回过头来继续说那辆三轮车,从后面看起来,那辆三轮车前进得很吃力,每一步似乎都用尽了毕生的力气。雪刚下了几小时,还很蓬松,除去滑之外,车轮每走一步,都会陷进前面刚下的雪里。很快我们就超过了这辆三轮车,从侧面看的时候,骑车人裹得严严实实,看样子得有50岁左右,身体并不是那么的好,有时候蹬不动了要站起来发力,样子有点好笑,又有一点让人心酸的可怜。

当我盯着那人看、四眼相对的时候,天呢,我差点从自行车上摔下来。

这竟然是我们小学的数学老师!

听起来像个段子,但这真的是我们小学的数学老师!他尴尬地笑了一下，难掩生活的苦涩。我和阿涛，一左一右，一只手控制自己的自行车，另一只手推着老师的三轮车，最终把他送到了菜市场。原来，小学取消以后，没有对应的去处，老师回到了自己的村里，靠种地为生。时光飞逝，岁月无情，如今的我也到了而立之年，当年的小学老师早已故去，可是他给我们的启蒙永远感恩于心，永远铭记。愿所有的善良都不被辜负，愿所有的努力都被肯定，愿所有的好人都能永远平安！

农村的生活丰富多彩，靠着踏踏实实的劳动，父亲终于买了人生的第一辆摩托车，我高兴得好几晚没有睡着。

这个不用蹬就能走的东西，让我感到激动。

再三恳求下，父亲终于让我坐上了他的摩托车。

打火，启动，噌地一下就出去了，父亲在后面喊着，慢点，慢点，松一点油门。我太激动了，这比自行车可快多了啊，一路向北，绝尘而去。我开着摩托车沿着村子里唯一的一条大街一路向北，转了一大圈，从村东头回到了村子里，发型早已不在，前面的几绺头发早已立了起来，心里默念着，要是以后上学骑摩托车那就太爽了啊！

自打学会了骑摩托车，我特别喜欢父亲交给我一些任务，比如去县上买一瓶酱油，比如去县上给他买包烟。收到命令，我就会充满期待地看着桌上的摩托车钥匙，父亲点头，我领命而去，又可以骑摩托车了！路上遇到小学同学，一定要骑得慢一点，让他们认出我来，超过他们以后呢，一定要加速，让他们感受下什么叫迅雷不及掩耳之势，什么叫帅！后视镜里看到他们一片艳羡，内心无比自豪。想必我也是第一个骑上摩托车的同龄人了，像当年成为"万元户"一样高兴,炫酷这个词还没流行的时候,杰哥已经无师自通,学会如何炫酷了。

3.初一的自卑与无奈

在我们村里读小学的时候,年年考第一,误以为是自己天赋异禀。

到了初中才发现,自己的成绩原来如此之差。县城里的初中,集合了各个村里的小学毕业生,可谓高手如云。当时我们村小学只有一个班,班里只有40多人。可到了初中,初一就有十几个班,加起来就有五六百人。进入初中后的第一次考试,我考了班级20多名,年级400多名,因为我们班是学校成绩最差的班。

当时我所在的班级叫公办五班,整个初中的人一听公办五班,都

◀ 叛逆的初中生活,
一个人遐思

露出心领神会的表情，哦，原来是那个公办五班啊。我们班没有什么学习气氛，大家都觉得无所谓，所谓近朱者赤，近墨者黑，我也慢慢习惯了这种生活和定位。原本小学积累下来的天生骄傲，在这里，不到半年的时间，就消失殆尽。我也开始在班上插科打诨，扰乱课堂秩序，上课迟到，不写作业，厌烦了就直接睡觉。浑浑噩噩的初一，进到班里，感觉不到，出了班级，一丝丝的自卑涌上心头。

当你处在那样的环境中时，你根本不知道什么是自卑，大家都这样，所以这样就是对的，会有这样的感觉。但是走出自己班级了，看到其余同学的状态，看到年级的成绩排名，又会忽然被现实敲打。于是，我们开始越来越迷恋那个让我们有安全感的圈子，越陷越深，成绩越来越差。

父母要去县城打工，早上起得很早，每天早上，桌上都会放着1元钱。那时候消费很低，1元钱正好够早餐买两个烧饼的，这是母亲留给我的早餐钱。骑车上学的路上，路过烧饼摊，我都会买一个烧饼吃掉，剩下的5角钱，留着买零食。初一的状态非常不好，精神颓靡，身体也日渐消瘦，母亲每次问我考试成绩的时候，我都会淡定地说，还是年级第一，其实那个时候，我连高中都考不上了。母亲总是开心地点点头，这让我内心非常的痛苦。

初一的时候，我喜欢上了我们学校隔壁班的一位女同学。

她像公主一样可爱，成绩像超级学霸一样无敌，这些都没能打击到我，没有让我感觉到人与人之间巨大的差距。直到有一天放学，路过车棚的时候，我们同村的小伙伴骑着自行车一起出发回家，她跟她朋友们每人都骑着崭新的山地车的时候，内心感觉到了深深的自卑，有一段顺路，我们自行车不行，骑得慢，被落在了后面。她们骑车进了我们县城最高档的小区,她们是住楼房的富家子女,她们从来没跟我们说过话,同样的年龄,他们说的是普通话,我们说的是地地道道的山东土方言,她们也没正眼瞧过我们,可能她们早就意识到我们不是一个世界的人。我们是什么呢,成绩不好,穿着破烂不堪,自行车骑快了就掉链子,回到破败的农村,四处漏风的平房时刻告诉我们什么叫寒冷。

升入初中,有了自行车,我们终于觉得自己走出农村了,可是走出来以后发现,我们以为的外面的世界,我们所向往的外面的世界,只是别人争相要离开的旧世界。

成绩烂到无地自容,看到我的自行车,内心更加难过起来。家里太穷了,没有能力买一辆新自行车给我,只好用一些旧零件、旧轮胎重新组装了一个,这个自行车前轮和后轮分别来自不同年份的不同款的自行车,前后轮形状和大小都不一样,前挡泥板和后挡泥板也都不一样,后座是没有的,因为没找到后座这个部件,因而看起来有些滑稽。坐在路边,我看着我的自行车,竟然笑了出来。你虽然丑,可是你一直陪伴着我。

可是我们能怪谁呢,怪自己的父母吗,他们显然为了生活已经很吃力了,怪命运的不公吗?这有什么好怪的呢,即使怪罪命运的不公,又能怎样呢?

深深的自卑,深深的无奈,深深地想要抗争。

4.感谢初中的班主任

人看不起自己的时候，会感觉全世界都投来鄙视的目光。

班主任每天批评我们，授课老师也冷嘲热讽，只要我们上课不捣乱，下课不出事，就万事大吉。升入初二的时候，我们终于换了一位班主任，换了一批任课老师。

初二的班主任是李老师，和蔼可亲，进到班里，没有鄙夷的目光，很温暖很认真地做自我介绍，甚至有一刻，我们都被她的认真逗笑了，很久没有这么认真地被对待了。

班主任李老师是物理老师，她上任以后，说要陆续地跟每位同学谈话，我们紧张坏了，在我们的印象里，所谓谈话，就是罗列一堆你的过错，批评一顿，严重的把家长请来，领回家教育。某天下课后，李老师把我喊去了办公室，她没有坐下，而是跟我面对面一起站着，像朋友一样。

她说："我观察到你小子物理成绩是所有成绩里最好的，你知道物理成绩好意味着什么吗？"

我："意味着什么？"

李老师："意味着脑子好使，是可造之才啊，说明你很聪明，但是可能时间啊，很大一部分没用在学习上，你要是在学习上发力，那了不得。"

我："哦，可是老师……"

聊了半小时之久，没有一句批评，全是认可和鼓励。

回到教室以后，我像变了一个人一样。

很多成绩不好的孩子读到这里会有很深刻的感受，在所有人都觉得你不行的时候，忽然有一位权威人士告诉你，你可以，你只是暂时被埋没的黄金，你早晚要发光的，这个时候，你肯定内心一下子打开了，一下子充满了希望，充满了动力，认可带给人的动力远远超过批评。

我想既然我物理成绩比较突出，那我先把物理学好，正好班主任是物理老师，那么和蔼的老师，问起问题来也没有太大的压力。过年放寒假回家的时候，为了实现物理的突破，我把上学期的物理资料带回去，又让母亲帮我提前购买了下学期的物理资料，在家潜心钻研。

过年的时候，非常的热闹，有的准备年夜饭，有的打牌娱乐，熙熙攘攘，吵吵闹闹，我沉浸在研究物理带来的快乐里，全然沉浸其中，乐此不疲，母亲也从未见我如此认真的学习，每天都开心地准备好一日三餐。

年后开学了，开学后第一次月考，物理满分，第一，全年级第一。

整个五班沸腾了，没想到我们这样的班还能考出个年级第一，连重点班的孩子都超过了。班主任也很高兴，她自己同时也是我们班的物理老师，于是就更加高兴，大加赞赏了我，也同时鼓舞了其他的同学。号称最需要智商的物理科目，居然被一个普通班的愣头小子考了第一，不可思议。

从那以后，我的自信心爆棚，感觉全世界看我的眼光都变了。不光在校园里，走到任何地方，别人投来目光的时候，我都感觉他们在说，看那就是物理考满分的刘杰，那小子真帅。

人最初级的需求，是物质的满足，当物质达到满足时，不再忍饥挨饿，接下来就是更高层次的追求了。下次考试来临之前的那段时光里，我获得了超级强烈的自我认同感和成就感，考试很普通，不过是一张试题而已。但是考试所呈现出来的，个人的努力、坚持、目标的实现、克服困难的勇气，才是最珍贵的。

受物理老师的影响，我的物理成绩如日中天，好得一塌糊涂，每次上课前都迫不及待地坐得笔直，等待灵魂的升华。

物理成绩好了以后，"江湖"上有了杰哥的传说，重点班的同学们有点自惭形秽，物理号称是最考验综合能力的一门学科，居然没有比得上一位普通班的所谓的"差生"，他们越是这样想，我的成就感越是增加了一分，为了鼓励我继续进步，班主任特意把我调到了靠前一点的位置，鼓励起来方便一些，批评起来也方便。

5.校刊发表了我的文章

初中的时候已经表现出了强大的理科天赋，但语文和英语烂得一塌糊涂。于是在班主任口中，我有了两个一塌糊涂。数学、物理好得一塌糊涂，语文、英语差得一塌糊涂。

小时候倒是读了不少的刊物，对于文字还是有一些基础，只是语文考题总是不知道出题人想让我怎样思考。比如，鲁迅先生的《秋夜》中写道："在我的后园，可以看见墙外有两株树，一株是枣树，还有一株也是枣树。绞尽脑汁我也想不出来这里面到底蕴含了怎样的故事或者思想。那个时候，老师鼓励大家写议论文，因为保险起见，只要掌握一些论证素材，加上一个比较合理的逻辑结构，分数就不会太差，当然也很难是高分。

可是，在我的性格里充满了叛逆，充满了不服，我不想写自己觉得平庸的议论文，我要写散文，我要形散而神聚，我要驾驭文字，我要如鱼得水，我要纵情诗歌。

我慢慢懂得，创作这件事情，跟数理化有相通之处，都要经过刻苦的训练，说来也奇怪，人们在描述训练的时候，总喜欢在前面加上刻苦，似乎刻苦和训练成了固定搭配，以至于在很多年里，每次听到老师说要训练了，心里就条件反射地想，好苦啊，文字真是奇妙。但是对于我来说，可以说是快乐无比的训练，我们家离学校很远，傍晚放学的时候，我们村的同学普遍是不回家吃饭的，从傍晚放学到晚自习开课，只有1个小时的时间，骑得快了，刚好够一个来回。我们一

▶ 校刊发表文章的配图

般都是在校门口的小摊上，一人一个煎饼果子。到我这个年纪，喜欢经常思考过去的快乐。初中吃了3年的煎饼果子，从那以后，再也没有吃过一次如此美味的食物了，或许这就是传说中时间的味道。

山东的煎饼果子，里面放了油条，加了大葱，分量十足，就是我们这样的大小伙子，吃一个也能饱得打嗝，快哉快哉。十分钟搞定晚饭，很多人就去玩耍了，我喜欢回到教室，把白天布置的作业先写一些，晚自习的时候再写一部分，这样回家就不用写作业了。其实晚自习放学的时候都已经快要22点了，骑车到家的时候已经是22：30了，写不完作业的同学回家要继续写，而我到家以后，吃个大馒头，就可以开始我的创作了。在简陋的小破书桌上，每天晚上放学回家我都会写一篇散文，有时候觉得实在写不出来了，那可能是读书不够导致的，就会读几个小时的书。

一般晚上到家的时候，父母已经睡了，他们太辛苦了。我蹑手蹑脚地回到自己房间，打开小台灯，漆黑的华北平原的夜陪伴着我，可以看到远处的星，可以看到内心的自我，可以看到哈出的气，农村的后半夜是最冷的，没有暖气，房间里生的炉子一般睡前加一些煤球，后半夜也就自然熄灭了，晚上的温暖只够持续到睡着，似乎睡着了就不再寒冷，醒来的时候，已经有了朝阳的陪伴。

每天晚上我都写作或者读书到第二天凌晨的1~2点，带着甜蜜的憧憬，安然入睡。母亲看我日渐消瘦，说什么都不再让我早上买烧饼凑合早餐，不管多么辛苦，都会早起半小时，为我煮粥、炒菜，也只有母亲是最了解我的口味的。每天早上吃完母亲做的饭，身上暖暖的，再也不用寒风中吃烧饼了。父母的文化程度不高，但是追忆过去，他们做到了他们能力所能做到的一切，永远不要奢求父母为你准备好一切，为了生活，他们已经耗尽了全部的精力。

由于经常去办公室接受物理老师的表扬和英语老师的批评，不小心被语文老师注意到了。语文老师说，可不能光学物理和英语呀，咱们校刊《太阳雨》上线了，你来投稿吧，我让小记者去找你。

就这样，我投出了人生的第一份稿件。

文章的标题叫《风雨兼程》，写了一个少年，为了梦想永不放弃、永远执着的故事，其实写的就是我自己的心境。

发表了，轰动了。

以至于后来每次月考的时候，谁都不愿意跟我的语文试卷放在一起，不大的校园里有这样的一句话，谁的语文试卷跟杰哥的放在一起，谁倒霉。为什么呢，因为老师看完我的语文答题和作文后，后面再看谁的，都不会给高分了。语文老师也经常自豪地说，全校上千人的学生，不用写名字，我就看文章就能知道哪一篇是刘杰写的，娓娓道来，处变不惊，于无声处听惊雷。

后来小记者为我拍了张照片，与文章一起发表在了校刊上，送给我了一本，带回家送给了父母，多年以后发现，当年发表了我文章的校刊，母亲还留着，那可能是她当年最骄傲的事情。

6.我的山东英语

每次去办公室的时候，首先是昂着头，走到物理老师那里上交全班的物理作业，然后低下头，走向英语老师那里，等待老师检查单词背诵，最后抬起头走到语文老师那里提交自己的作文，完成这一轮，我就可以长舒一口气，带着骄傲和些许的尴尬，回到教室。

英语老师年龄很大，也很和蔼，每次检查英语单词背诵，都会帮助我们矫正发音，县里的同学买了个磁带播放器，可以听英语听力，那里面的发音非常好听，我们会刻意模仿，但是到说的时候呢，还是夹杂了超级浓重的方言味道，直至今日，偶尔出国学习，跟外国人交流起来的时候，还是一口浓重的山东英语的味道。在山东，济南和德州相距不远，我经常说，我这是德州英语，不知道的还以为美国得克萨斯州居然有如此亲切的乡音。

不过在这个环境里，没有人觉得尴尬，因为大家都是这样的。

偶尔从别的地方来借读的同学，甭管你的发音是英式还是美式，半个月的班级早读，一定给你纠正为标准的济普（济南普通话）。

为了帮助我学好英语，母亲去市区的时候，花了300元买了一个电子词典回来，在那个年代，这几乎是她一个月的工资。班里同学都还用纸质版的大词典学习英语单词的时候，我使用上了便捷的电子词典。这个电子词典有两个功能，一个功能是查词发音，陌生的词汇，输入以后可以迅速看到这个词语的注释，旁边有个选项，美式发音和英式发音，这样可以帮我听懂以英语为母语的人的发音习惯；另一个功能是这个电子词典里面自带几个小游戏，比较简单的有贪吃蛇，稍微复杂一点的有五子棋。显然五子棋是我热爱的，里面有个选项是人机对战，我和电子词典里的预制程序比赛玩五子棋。用了很长的时间，我都还是输给电子词典，而且电子词典每次下棋仿佛不需要思考时间，我刚放下棋子，它立即就下一棋。可是我又想，再牛的电子词典也是人设计出来的，那么既然是人设计出来的，我输给了它，其实是输给了这个游戏的开发者,那也就意味着,只要我足够强,是可以战胜这个游戏的。于是在一个年三十的晚上,村里人都在看春晚、打牌、愉快地跨年的时候,我用了整整一个晚上的时间,在第二天凌晨的五点终于击败了电子词典,从那以后,我再也不玩游戏了,因为挑战结束了,乐趣没有了。

虽然一夜没睡,但是给我带来的成长是巨大的,从那以后,我把更多的时间用来学习,用来挑战各个科目的满分,这个挑战,比玩游戏带给人的成就感更大一些,意义当然也不同。

7.中考来了

转眼之间,中考来了。到了初三的时候,学校里我们村的同学已经越来越少了,有的孩子陆续退学回家务农了,关系最好的只剩下了我们同村的发小阿鹏。

中考前会有一次小长假,恰好是春天,农村的活不多,耕种已经是机械化了,繁杂无聊而漫长的体力劳动少了很多。在我们县城里,只有两所公立高中,一个是可住校可走读;另一个是必须住校的。我俩骑上各自的破自行车,从村里出发,骑车去高中视察,看一下更喜欢哪一所高中,毕竟,经过两年的努力,我们已经从"学渣"变为了可以自由选择高中的"学霸"了。整整骑了1个小时才到学校,好在两所高中离得不远。

住宿的学校正值春日,花团锦簇、美不胜收,非住宿的学校干脆就没去，直接喜欢上了这里。当时也是考虑了很多，如果去另外一所学校，可以选择走读，那一所毕竟离家近一些，但是选择走读，早上母亲还要为我早起做饭，早出晚归的，父母每天都会担心安全问题，同时如果是强制住校的话，会有一个很好的学习氛围，那个时候，已经不满足于考上高中了，内心有一些理想在萌芽，想要在高中，从零开始，大干一场。

中考科目很多，考到最后两科历史和政治的时候，是在下午，我中午告诉父亲，下午的可以不考了，父亲说，怎么了，我说前面的已经够重点高中了，即使最后这两科零分。父亲说，不可大意，还是去吧。多年以后，才理解了父亲的担忧，那个时候的我们，经不起任何一点点变故。

下午考历史和政治时，下起了暴雨，我在考场上好担心家里的小麦被淋，考试那几天正是收小麦的时节。考完的时候，才是下午5点钟，天已经黑了下来，我没有带伞，阿鹏也没有带，可能是考完太兴奋了，三年，如释重负，我们骑车在雨中驰骋，所有的烦恼就让这场大雨冲刷掉吧，让风来得更猛烈一些，往事如烟，再见了，我的初中！

父亲担心我被雨淋，竟然骑着摩托车顺着我放学常走的路来接我，半途遇上了，他竟然也有些激动，可能中考这件事情，家长也背负了不小的压力，考不上，前途渺茫，很担忧；考上了，又是另外的一层担忧。

整个初中的生活，非常具有戏剧性。经历了初一的调皮，初二后半学期开始发奋努力，初三整年埋头苦干、默默无闻。初中的我，没有什么爱好，学习可能是当时最能带来成就感的事情了。

很多时候，人会成为自己心目中的样子，你觉得自己能实现自己的目标和追求，就会不断地创造条件、克服困难，去努力、去进取、去改变自己。相反，如果你自己觉得自己不过是芸芸众生，没有什么理想或追求，那么生活中的一切都是索然无味的，你会给自己找到很多的理由，日复一日、年复一年的平凡下去。并不是说平凡不好，而是在我们能力范围之内，我们应该尽力让自己变得更好，让自己有机会接触更好的平台和更大的舞台。

相比很多同龄人，在中考结束后的暑假，我有了更多的思考。除了做农活外，学习似乎为我打开了另一扇窗户。每每读到心仪的文字，都似乎跨越了时空，与各个领域的前人交流，与各个行业优秀的人才进行思想的沟通，我也开始意识到，或许我的整个人生不必拘泥于此，或许可以完全不一样。

也从此，我开始认识到，人和人之间最小的差距是智商，而最大的差距，不过是在最困难的时候，你比别人多坚持了一点点。

第四章

真正逆袭的高中生活

当初的我忙碌不堪，无暇顾及，如今的我可以平静而真实地回忆那段往事了，这一段往事，我会尽可能回忆得比较全面，以期让很多高中的孩子，有更多的了解和更多的思考。

1.天生骄傲，首次落泪

得益于初中班主任的厚爱，中考成绩不错，全县前十，两所高中随便选，理所当然选了曾考察过的这一所。带着中考的骄傲，毫无悬念地进入了最优秀的实验一班，当时的高中建校不到10年，一本上线率连年攀升，遗憾的是从来没有人考上过清华、北大。为了创造更好的学习环境，争取学校能有学生创造辉煌，考入名校，从我们这一届开始，要分为实验一班、实验二班、实验三班、重点班、普通班。实验一班是第一梯队，实验二班、实验三班是第二梯队，然后是重点班、普通班，一共分为四大梯队，各有各的目标。实验一班可以说是集合了整个学校最优势的师资力量，授课老师都是各个科目的教研组长，论经验论教学，这个班的配备，无人能敌。各方面资源都朝着这个班级倾斜，学校本身有大型图书馆，但是为了实验一班读书方便，在实验一班专门开设了小型图书馆，里面放了当年最新的英文版的《书虫》，每次学习累了，我都会借上一本，沉浸在里面的故事里不能自拔。周围的同学成绩都很好，大家的来源也很广泛，认识得很少，我们村里读高中的已经不多了，进入这个实验一班的也只有我一个人。有的同学是从周围的县城来借读的，甚至有同学是从济南市慕名而来求学的,大家都是各地的精英,人中龙凤,不可小觑。

带着所有的骄傲,我们迎来了高中第一次月考。

这次考试意义非凡,既是进入高中的第一次摸底考试,也是大家"江湖地位"初次有了清晰分配的一次考试。成绩单贴在教室外的墙上,下课后大家都挤到前面去看,我自然不需要过去拥挤,等他们看完了,我过去看下第一名就好了。有人叹息,有人兴奋,他们三五成群地结伴而去,等人群散去,我走过去看了下第一名,不是我,第二名不是我,第三名还不是我,整个第一页都没有我,翻到后面的时候才发现了自己,年级75名,班级45名,我们班一共50人,心里萌生了两个感慨,实验一班这个班真牛,我原来这么差。

秋天的风,已然很冷。

人去楼空,一个人走在楼道里,凉风袭来,不知是风沙迷了眼睛,还是成绩刺激了心灵,眼泪止不住地流了下来。墙上的标语很刺眼"成绩是百分之九十九的汗水加百分之一的灵感""永远努力,永不放弃""感谢现在拼搏的自己",似乎一切都在嘲笑我,似乎我并没有自己想象的那么天赋异禀,似乎我还是那个初一成绩很差的差生,我抬不起头,感觉每一步都如此的艰难,午饭没有吃,径直走向了宿舍,大家还没有回来,我睡了过去。

一片嘈杂声中醒来,要去上下午的课了。

下午四节课,一点都没有听进去,脑袋里空空的。我需要一个时间,自己去平复心情,梳理自己的认知,一直以来都是这样,每次遇到大的问题时,我都喜欢一个人静静地待着,去把事情想明白、去把逻辑梳理清楚。

晚自习的时候,我写了一篇反思日记,对自己进行了深刻的反省。为什么带着过去的骄傲欺骗现实的自己,为何不能保持空杯心态,哪些值得肯定、哪些要去改正,一点一点地梳理清楚,知耻而后勇。同时,我把问题进行了放大,如果这次不是一次简单的月考,而是高考,我又该如何面对,为了防止高考出现这种现象,我应该怎样去努力、怎样去改变。

其实情绪冷静下来,我是能接受这个成绩的。有多少付出就会有多少的回报,成绩的提高,一定是把很多细节工作落实到位,上课认真听课记录笔记,课下及时复习加做题,出错以后认真改正,整个科学的学习流程落实到位了,成绩提高是必然的。绝大部分人的成绩不好,主要是因为落实不够,平时学习中很多时候是应付和敷衍的,那么到了成绩出来时,凭什么要求自己的成绩比别人高呢。如果平时的学习行为不比别人更科学甚至还不如别人,又凭什么要

◀ 高中教室

求最终的结果异于常人呢。我把所有科目的月考试卷摆到眼前，再把答案放到旁边，把每个错题的原因做了详细的分析，有的是听课的时候不注意、理解不到位，有的是复习不到位、公式遗忘，还有的是考试的时候心态浮躁，导致的计算类错误。其实很多同学成绩没考好，生气后就把试卷给扔了，仿佛扔了试卷一切问题都解决了。那如果以后考试再遇到这套试题中我们不会的题目，岂不是照样丢分？要想进步，首先是直面自己的错误，把握住自己的错误，而不是选择逃避。

悟已往之不可追，知来者之犹可鉴。

我也送给了自己一句话，后来也经常用这句话勉励自己。

好的或者坏的，一切都会过去。

成功了，不要骄傲，这只证明努力是有回报的，付出都是值得的，失败了，不要气馁，是非成败转头空，从中吸取教训才能越来越好，保持一个平和的心态是多么重要，尤其是高中阶段的同学。

2.读书求学，平凡中发现快乐

大家有一个普遍的认识，理科生语文成绩一般都不高，而相对来说，语文又是我的强势科目，到了高中，学习语文成了我最开心的事情，那个时候学校会给学生订阅语文报刊，同时自己也会买一些文摘类的月刊来读，可以说在如此枯燥的高中生活里，每次读到令人会心一笑的文章，都是快乐至极的事情。

知道我喜欢读书，每次母亲来看我的时候，都会带一些最新的读物过来。高中的母校是封闭式的学校，每个月只有最后一天放假回家，其余时间父母是不允许探视的，很多父母为了能让孩子吃得好一点，来探视的时候，都是隔着大铁门，把牛奶、肉包子递送进来。我们的宿舍非常的团结，有一次，有个舍友的母亲竟然送来了一个大西瓜，正好我的母亲送来了县城里买的大肉包子，整个宿舍的父母们都知道这个宿舍一共6个人，送东西自然照着6人份来送。每次有父母来送东西的时候，大家都心照不宣，下课后大家跑向餐厅，我们奔向宿舍，6个人到齐了，拿出各自的营养品，锁上宿舍门，开始一顿饕餮美食，有的同学从餐厅回来得早，看我们在享用美食，要进来分享，奈何房门早就被锁上了，只能看到吃完后的一桌西瓜皮了。

　　高中我的床位在下铺，挨着窗户，隔着一张书桌，是我很要好的朋友的床位，他家条件好，是我们班唯一一个有"随身听"的家伙，

▶ 高中学校家长们送餐现场

买来磁带可以听英文学习,还可以听歌。他的随身听不用的时候,经常会扔给我,我也是班里唯一一个他肯借用的同学,他的成绩一般,每次遇到问题时,也只有我会不厌其烦地给他讲,同时分享给他我独创的一些解题方法,慢慢地,他成绩也有了很大好转,整个人气色都好了很多,毕竟在这样的班级里,每个人背负的压力太多,来自学校、来自家庭、来自环境、来自自我。

人都是相互的,你对别人微笑的时候,收获的一定也是温暖。

那个时候的我们多么爱听孙燕姿呀,那首《天黑黑》,每次听来,都会变得很安静。

《天黑黑》

我的小时候 吵闹任性的时候

我的外婆 总会唱歌哄我

夏天的午后 姥姥的歌安慰我

那首歌好像这样唱的

天黑黑 欲落雨

天黑黑 黑黑

离开小时候 有了自己的生活

新鲜的歌 新鲜的念头

任性和冲动 无法控制的时候

我忘记 还有这样的歌……

我爱上 让我奋不顾身的一个人

我以为 这就是我所追求的世界

然而横冲直撞被误解被骗

是否成人的世界背后 总有残缺

我走在　每天必须面对的分岔路
我怀念　过去单纯美好的小幸福
爱总是让人哭　让人觉得不满足
天空很大却看不清楚　好孤独
天黑的时候　我又想起那首歌
突然期待　下起安静的雨
原来外婆的道理早就唱给我听
下起雨　也要勇敢前进
我相信　一切都会平息
我现在　好想回家去
天黑黑　欲落雨
天黑黑　黑黑

到了高中，随着整个社会的发展，农村的条件有了很大的改善，母亲在学校交了费用，订了牛奶，每天早上都会有专人送到教室，当然了，整个实验一班几乎人人都订了。毕竟这个班，被看作整个县城三年后考入清华、北大的希望，家长们自是不敢懈怠。我的同桌是我们班的生活委员，阳光热情的大男孩。全班都订了牛奶，早上每人一包，送货员看量这么大，每次都会多给两包。于是我和同桌变成了每天早上一包，晚上一包，想来高中的学习生活如此之累，我们保持如此好的体魄和精力，真的要感谢我的同桌。大家平时忙于学习，话并不多，但是都很单纯简单，都是庄稼地里出来的，都有一种发自骨子里的善良敦厚。

可是我同桌患有精神衰弱，经常晚上失眠，也经常跟班主任说，晚上在宿舍经常听到青蛙呱呱叫，让他睡不好。班主任告诉他，这个季节哪有青蛙叫，是你的心不静。也能理解，他虽然是生活委员，但成绩却是很可怜的。在一个高手如云的班级里，即使你的成绩是倒数第一，但是放到别的班级依然是名列前茅，在这个班级里你会感受到强大的压力以及萌生的强大的自卑，而在别的班级里你却会获得无比的自豪感，并不是每个人都适合这样的班级氛围的。

有时候人会错误地把超越别人看作自己的目标，没有超越就会产生自卑情绪，而其实我一直是这样的思考的，超越别人并不是变得强大了，真正的强大是每天都超越过去的自己，每天都在进步，终其一生，我们追求的并不是超越别人，而是做最好的自己。如果以自己作为进步的参照，那么我们就不会感受到那么多来自外界的压力，心态也能更平和一些。

我没有其他什么可以帮助他的，近水楼台先得月，我整理的很多笔记、方法技巧，他都可以随手拿去学习研究，我自己学习的过程中经常开发一些口诀，也会随时分享给他。比如在学习数学时我想出了一个"并补补交"，意思是并集的补集等于补集的交集，反过来交集的补集等于补集的并集，正着跟反着都是一套集合运算公式。比如在学习语文时，炼字环节我想到了大多数炼字都是炼动词：一是生动形象可能拟人；二是准确了表达诗人词人的心境。例如在学习物理楞次定律的时候，我忽然发现这个定律像极了化学的勒夏特列平衡移动原理，也像极了生物上的负反馈。例如在研究电路问题的时候，我自己开创了等电势点法化简复杂电路的技巧，并称之为刘杰万能电路化简法，经过多次做题检验，终于可以隆重推出，最先就是分享给了我的同桌。经过他个人的努力还有周围同学的帮助，他的成绩越来越好，到高三后半学期的时候，已经是班级中上游的学生了，最后高考考了很高的成绩，去读了国内非常有名的大学，这本书出版的时候，他应该已经是大学教师了。

一切奋斗的日子是值得怀念的，在高中，大家都有着一个简单而相同的目标，高考。这让大家能够每天奔着相同的方向努力，也是很幸福的。

3.你的高中是否感到迷茫

学习数学的时候，沉溺于数字之间的运算，总是没有高屋建瓴的状态，甚至在最初做高考试卷时，竟然有做不完的现象。高考目标是150分，而现在在规定的时间内竟然做不完试卷，于是你会发现自己有很大很大的进步空间，于是你会发现每天会有很多事情去做，根本没时间迷茫。当然，还有一种迷茫，就是确实知道行动起来才能改变一切，但是因为落下的知识太多，不会的题目太多，无从下手，似乎每个章节都是自己的薄弱点，如果没有强大的心理素质，面对浩如烟海的问题，真不知道从哪里开始。

所以我经常说，一个人感到迷茫，一定是想得太多、做得太少。

行动是改变焦虑最好的办法。

有的人工作遇到了难题，索性请假出去旅游，十天的时间，游山玩水、放松自我，回来以后，问题就解决了吗？并没有，问题还是那个问题，甚至十天过去，问题变得更加难以解决了。所以这种方式，感性上来说，生活得比较随意；理性上来说，其实是逃避了问题。高中，是不允许逃避问题的，逃避只能让问题越积累越多，成绩越来越难以提高。

意识到自己数学成绩的不足，我给自己制订了计划，具体化的去面对问题才能真正地解决问题，成绩的提高本身是积累的过程，冰冻三尺非一日之寒，成绩落后于别人不是三五天导致的，那么成绩的提高也断然不是三五天就能实现的，要想达到目标分数，该付出的时间一点都不会少，只是有的人早付出了时间，后面看起来轻松一些，有的人前面耽误了时间，到了后面就紧张起来了。

学习的环节是先输入再输出，学的过程首要是听懂，这是能力提高过程中最重要的一步，盲目做题很难发现其中的规律。于是我要求自己，所有平时遇到的不会的题目，一定要彻底改明白，才能去做新题，做题的目的主要是纠错，而不是为了多做题而多做题，做题很多累积起来的成就感会让人产生错觉，觉得自己已经很努力了。但是如果我一天做五套试题，错题都没改过来，意义何在呢？不会的依旧是不会罢了。所以我要求自己，不放过任何一个错题。看似一个很简单的目标，如果你能做到把遇到的所有不会的问题都搞清楚，清华、北大不敢说，大部分的名校，你绝对是能考上的。改错其实是个很难的过程，初次遇到就犯错，说明在自己的思维方式里这一项是弱项，如果仅仅是剪下来贴到改错本上，旁边写上正确答案，没有进行深刻的反思和类似问题的训练强化，下次遇到这种问题时大概率还是要出错的。

每天中午的时候，我都带一个数学专题回去研究。有一段时间，我的圆锥曲线学得不好，椭圆双曲线与直线相交问题总是出错，我把参考书上这一部分撕了下来，装在口袋里，每天中午都研究一些，随身携带、随时研究，奈何陷入了思维的陷阱里，总是研究不清楚，那一段时间心情一般，总是想清晰地想清楚这个问题。

他山之石，可以攻玉。 当你遇到一个问题，百思不得其解的时候，不妨换一个角度去考虑，不妨求助一下高手，或许世界就一片开朗了。

还是我的舍友最好，他帮忙借来了班里数学成绩最好的同学的笔记和改错本。

那一中午，真是久旱逢甘霖，像是一周没喝水，忽然遇到了一股清泉，像是多年以后第一次吃自助餐的感觉，无比满足。换了一种思路，一切问题迎刃而解。

自此以后，我也打开了思路，要学会借鉴，毕竟我们是在求学而不是搞发明创造，每个人都有其闪光点，都有其独特的思维方式，很多问题，当你陷入自己的思维模式里，总是走不出来的时候，换一个思考方式，柳暗花明，豁然开朗。

解决了学会的问题，然后就是速度问题了。考试毕竟时间有限，很多问题，容不得深思，必须有充足的知识储备，在遇到难题时能经常性地熟练地调取自己曾经研究过的结论，2个小时的数学考试，最佳做完的时间恰恰是1小时50分钟。经常有人会说，那不留时间检查吗？这个问题我曾做过深入的研究，如果留下时间检查，那么前面的做题速度就要再次提高，正确率随之下降。另外，当大脑运转了一个多小时以后，你在检查的时候发现前面的题目有些问题，此刻的大脑考虑问题是否还足够理性和全面。你是否敢在大考的时候，改前面很多问题的答案？经过反复论证，我决定，以后考试，坚决不改答案，规划好时间，只留最后的十分钟检查涂卡问题。

这其实是对自己提出了更高的要求，等于每个题你只给自己一次机会，当你坐在考场上的那一刻，你会发现，时间都静止了，每一秒都过得那么逼真，试卷上的每一个题目都看起来如此清晰，后来才知道，这是因为人在紧张的情况下，瞳孔会放大，增加进光量罢了，这么一想，很多美好的感觉竟然被理性弄得失去了乐趣。

为了快乐，人还是要幼稚单纯一点的。

一直以来，我都是一个喜欢深刻反思的人，无论遇到什么问题，总是习惯性地去发现问题、思考问题、总结问题，从中受益良多。学习的过程，首先是思考的过程，很多人因为高考的压力，勉强能说服自己安心听课，但是不喜欢做题，这其实是人的惰性。听课的过程，大部分是被动的，是老师在讲解，你被动地接受。而做题的过程，主要是调动人的主观能动性，是需要你摒弃杂念，完全沉浸其中的，而且做题的时候，是你带着你的知识储备去解决问题，很多人是懒惰的，不喜欢思考，不喜欢解决问题。因而很多同学平时听课还能做到认真，到做题了就不想做了，而是会选择看题，一边看题一边看答案，看的过程异常顺利，觉得一切都是顺理成章的，一切都是在自己的把握之中的。可是，如果你合上笔记，不看答案，自己独立地去面对一道从来没做过的新题时，你会发现一切都捉襟见肘，每一步的书写和分析都很艰难，都没有看题看答案来得顺畅。这就是为什么很多人觉得自己很努力，付出了很多，但是没有取得好成绩的原因。被动接受跟主动思考完全是两个维度的努力，带来的成绩也是有天壤之别的。

如果你在平时的训练过程中从来没有独立地解出过高考压轴题，那凭什么会觉得在高考考场上就能解出来呢？如果在平时的训练过程中，从来没有独立做题考到高分，高考又怎能做到呢？其实这个学习的道理特别简单，每个人都懂，只是很多人潜意识里不想面对，也不想付出，他会觉得今晚晚自习我做两个小时的题目然后改错与晚自习我看看笔记翻翻书区别不大，都是学习，都是很充实的，这两者之间带来的结果之间的差距，一天两天确实影响不大，但是半年呢，一年呢，这个行为被放大以后，带来的结果是天差地别的。

"积土成山，风雨兴焉；积水成渊，蛟龙生焉；积善成德，而神明自得，圣心备焉。故不积跬步，无以至千里；不积小流，无以成江海。骐骥一跃，不能十步；驽马十驾，功在不舍。锲而舍之，朽木不折；锲而不舍，金石可镂。蚓无爪牙之利，筋骨之强，上食埃土，下饮黄泉，用心一也。蟹六跪而二螯，非蛇鳝之穴无可寄托者，用心躁也。"（荀子《劝学》）

4.野蛮体魄，文明精神

现在很多的高中依然有这项活动——早操跑步。

但是我们那个时代的体育锻炼活动，绝对领先了十年。作为住校生，每天早上5点钟我们会准时起床，15分钟洗漱，5∶30准时在操场集合，有时候到得早了，就拿出随身带的小单词本，抓紧时间背诵一点，毕竟经过一夜的睡眠，大脑里一片空空，此时做一些记忆工作，效果会好很多。所有班级集合完毕，开始跑步，三圈后，彻底醒来，原来冬天里早上实在是起不来，不想离开被窝，走到操场集合的时候，可能还是一种神游的状态。这三圈就是要让你彻底醒来，一边跑步，一边喊口号，似乎是通过喊口号让自己醒来，也似乎是给自己加油，毕竟新的一天要开始了，我们要珍惜每一天的时间，活在当下，努力在当下，操场中央集合，集体宣誓。

昂首挺胸，举起右手……

今天我要做一个拼搏向上的人；

今天我要做一个永远努力的人；

今天我要做一个乐于助人的人；

今天我要做一个永不放弃的人……

在寒冬的辰星的见证下，我们都励志做一个乐观向上的人。

你可千万不要以为这样就完事了。

上午的大课间，下午的大课间，傍晚的大课间，还各有两圈等着你。

▶ 凌晨早操

◀ 高中课间跑步

也就是一天需要跑10圈，想必学校也是用心良苦，强健的体魄，绝对是高考成功之路上最重要的保障了。后来参加高考的时候，考完语文出来，险些有些站不稳的感觉，脑力劳动其实是很辛苦的，要耗费巨大的精力和体力。

作为一个"学霸"，我最喜欢的班级座位并不是最前面，坐在前面，经常很尴尬。当你正在沉思一个问题的时候，老师忽然让你站起来回答问题，中断了思路，内心无比无奈。坐在班级最后一排呢，也不好，身体瘦小，坐在后面，前面都被遮住了。于我来说，最佳的位置，莫过于第三排靠窗的位置了。前可以认真听课，后可以远离喧嚣，旁边可以一赏窗外美景，大有一种君临天下、事事都在握的感觉。

这个学校，冬天的时候居然有暖气。

在农村过惯了挨冻的生活，来到高中教室里，这暖洋洋的氛围竟然让人有些迷醉，说得不那么文艺的话，这暖洋洋的教室真让我想睡一觉。恰好我这个位置有着先天的优势，只要我对着墙、手扶着脑袋，老师一定以为我在思考问题。

当然了，在梦想的鼓励下，我是很少睡着的。只有个别的几次，用脑过度，实在是太累了，竟然睡了过去。有时候为了让自己保持清醒，我会在窗户旁边开一个小小的缝，零下十度的风吹来，清爽无比。反正到了晚上就可以休息了，白天尽量还是不偷懒，后来时间规划越来越清晰了，中午也会刻意留出半小时的时间休息，不得不说，午休半小时，整个下午，都是精力充沛的。

高三的时候，成绩难免起起伏伏，其实是正常现象，很多同学喜欢过度地放大一次的错误抑或是成功，整个高三要经历很多次的考试，只要总体上保持着进步的节奏就好了。为什么说单次考试成绩不宜过度的看重呢。在高三的上半年，都是传统的一轮复习，每个月甚至每周复习的章节都不同，那么这次周考考得好，只能说明这一周的内容掌握得较好，仅此而已，与高考是否考好没有太大的必然联系，而这一次考得不好，最多也就是提醒我们这一周复习的内容掌握得不全面、不牢固，需要额外抽出时间进行巩固而已。但是经常出现这样的现象，考好了，有同学就欣喜若狂，仿佛高考充满了希望，似乎明年的清华、北大就向自己敞开了；考差了，有同学就郁郁寡欢，似乎整个人生都失去了意义，高考无望，前途一片渺茫。其实是过于看重一次的得失了，因为一次的得意或失利，影响了平稳的心态，站在全年的角度来看，是得不偿失的。时间有限的情况下，平稳心态占据的时间越长，那么最终的高考成绩也会越稳。

高三的复习过程中要注意到每个阶段的任务是不一样的，比如一轮复习是夯实基础的过程，一轮复习的复习模式是，这个月讲解的内容，就会在这个月的月考中考查，基本上是复习哪里考哪里，这样的一个做题模式相对是简单的，因为你考的东西必然出自近期的复习内容，试题和考点的对应关系比较容易。而二轮复习则不然，二轮复习是每个月进行模块复习，考的都是理综，拿物理来说，看似考的题目加起来不过十几道，但是每个题目都对应了不同课本、不同章节的不同考点，这样的训练是非常辛苦的，你的思维需要不断地跳跃，而且需要在读完一个题目以后精准地对应其考查的知识点。在最初做理综时，所有人都是不适应的，读完题目以后会无所适从，不知道应该从哪里入手，也就是"反向定位知识点"这个能力是没有的，读完题不能准确把握考点，因而也找不到准确的解决问题的办法。为了训练自己的这一项能力，我每次做题时，都会审题后第一时间在题目旁边写上我认为的本题要考查的考点以及我认为的合适的解决方法。待试题回答完毕，核对正答案时，出错的题目，我要通过对比答案来确定，做题的时候这个考点为何对应错了，选取的方法为何不合适，是哪一个条件误导了我，下次应该注意什么。这样的工作很细致，但是很有效果。所以我经常说，高中生活太忙了，为了实现目标，我有好多事情去做，QQ聊天、游戏，这些事情，心有余而力不足，根本没有精力，忙到一定程度，连迷茫的时间都没有。即使有时候成绩不好，也没有心思关注自己的心理起伏，高三的一年基本上是没有太多心理起伏的，学习、做题、考试、改错，一直按照这样的节奏努力着。

5.他山之石,可以攻玉

有了数学的学习经验后,其余科目顺势展开,数学学习的反思,给了我很大的改变,让我懂得了借鉴,懂得了集众人之所长。我的语文不一定要次次年级第一,我的数学不一定每次都是满分,追求高分的路上崎岖坎坷,何况高考是全省排名,眼光不能仅仅是放在这个学校里,以为考了年级第一就怎样,建校这么多年,每年都有年级第一,每年不都没有考上清华、北大的同学吗?大丈夫,志当存高远,

▲ 高中笔记本、改错本

这样你的动力才是源源不断的。

目标要高远，行动要落地。

我的舍友学习并不是很好，他每天中午把班级里各科成绩最好的同学的笔记借来，很多地方是看不懂的，需要我先去研究一遍，再把一些精华讲给他。在这个过程里，我发现，懂一个方法难度不大，要想把这个方法讲出来，讲得清楚，讲得明白，让受众容易接受，真的是一项艰难的工作，这也是为什么当老师其实很需要表达能力的原因，很多人觉得当老师很简单，不就是讲课嘛，如果有一天你上台去讲一个你特别擅长的东西，很多人是局促不安的，很多人站在台前不知道目光应该投向何方，也无法做到淡定的侃侃而谈。讲课这件事情，看似简单，其实是需要强大的知识储备和心理素质的。

当然了，这个过程我是非常开心的，我可以每天中午除去午休时间，其余的时间都拿来研究优秀笔记、改错本，甚至可以说，这一小时的学习，比一整晚上自己研究的效率要高。我当时想明白了这么一个道理，数学成绩最好的同学做不出来的题目，大概率上来说我也是做不出来的，当然我做不出来的，人家大概率是做得出来的。这就出现了一个神奇的现象。我花2个小时的时间做一套150分的试卷，可能得了130分，有20分是不会的。同样的高考题或者模拟题，当时的数学"学霸"去做，可能得了140分，有10分不会。那这10分基本是来自我那不会的20分的。而我花2小时去做一套试题，最大的意义是什么呢？一方面，正确的部分是对自己的肯定；另一方面，做错的部分才是真正帮助我继续进步的模块，意义更大一些。我花了2小时找出了20分自己不会的题目，可是如果直接去做"学霸"的改错本的题，那效率就简直无敌了，等于"学霸"花了大量的时间，帮我整理好了我不擅长的题目。

想明白这个道理以后，我每周独立刷题只刷一套，用于检验自己的进步，而其余的时间，就是研究各个科目"学霸"的改错本，去做他们不会做的题目，市面上的模拟题，琳琅满目，我不可能有足够的精力全都去做一遍，去见识自己不会的问题，去开拓自己的眼界。但是如果我每个科目都借鉴"学霸"的改错本，那么相当于很多人做题是为我而做的，他们付出了时间，找到了这时期的易错题，我拿来进行研究，事半功倍。

读到这里，一定有人会想，"学霸"把改错本笔记本给你看了，你成绩超越了他们，时间久了，还会继续借给你看吗？起码在我们学校，很少有"学霸"会把自己的劳动成果借给我们看，一定有同学会这样想。

说到这里，我可能要告诉你一个惊天大秘密了。

大学过后，我做过无数次的大型演讲，还从来未解答过这个问题。

当时采取这个办法学习的时候，我也意识到了这个问题，我考130分，学霸考140分，我研究他的笔记和改错本，取人之精华，过段时间我考了145分，超越了学霸，我们不去唱高调，去说助人为乐的事情，现实情况是，学霸不会再借给你了。

怎么办？

我的目标并不是超越学霸，我的目标是满分。如果以分数为目标，没有人是我的敌人，知识也不是我的敌人，是我的朋友，而高考数理化要想考满分，不只是具有异于常人的解题方法，更需要异于常人的考试心态，异于常人的时间规划，此刻，我忽然想到了一段话，要与大家分享。

　　故天将降大任于是人也，必先苦其心志，劳其筋骨，饿其体肤，空乏其身，行拂乱其所为，所以动心忍性，曾益其所不能。人恒过，然后能改；困于心，衡于虑，而后作；征于色，发于声，而后喻。入则无法家拂士，出则无敌国外患者，国恒亡。然后知生于忧患，而死于安乐也。(孟子《生于忧患，死于安乐》)

　　我拿数学举例，高考数学标准答题时间2小时，如果按照2小时去均匀地分配时间，我很清楚地知道压轴题我是做不出来的，虽然最终高考我的数学也只是接近满分，没有拿到150分，但那是出于太激动的原因，这个我们后面再谈。起码在准备阶段，我想到了这问题，为了实现目标，考试的时候我需要做到两件事情。

　　第一，已经答过的题，不需要检查，确保全对。

　　第二，留下充足的时间，把"学霸"必争的压轴题拿下。

　　因而在高三的周考和月考中，我都是要求自己1.5小时完成答题。留下半小时，不是返回去检查，而是在桌子上休息。初期的时候，我的成绩下降了不少，毕竟每次答题我都用比别人少半小时的时间。在很长的一段时间里，我的数学成绩都比第一梯队的学霸差一大截，直到高考前的几个月，我用1.5小时答题跟他们用2小时时间答题，得到的分数一样了，同属于第一梯队了，我知道，我的数学距离高考满分很近了。按照往年的惯例，整个高三年级，只要单科成绩考到前十，就会进入第一梯队，前十基本都是140分以上的"学霸"，在高考中也基本都能考到这个分数，如果再强一点，可能真的要满分了。

　　用现在的话说，相当于前面的历次考试成绩"放水"了。

　　还有另外一个办法。那就是我作为"中间商"来进行分享。我借来数学"学霸"的笔记本，那么我可以把我的化学笔记本借给他研究，同样我借来化学"学霸"的笔记本，我可以把我的数学笔记本借给他学习，分享的过程是快乐的，大家都在进步。

语文一直是我的强项，即使不借助同学的改错本、笔记本，也能进入第一梯队了。但是为了保持绝对优势，我有自己的规划，答题时间上并没有做调整，而是在模块上做了专门的安排。比如这个月我的重点是现代文阅读，那么整套试卷，在保证总分不差的情况下，我会刻意训练现代文阅读，争取拿到满分，包括在改错的时候也会投入更大的精力；比如下个月自己的目标是训练作文，那么你可能看到我的语文成绩似乎到达了"瓶颈"，没有突破性的发展，但是作文可能得了最高的分数，因为这次考试，我时间分配上，刻意多给了作文时间。等所有的模块我都做过专项训练以后，解题速度综合提升，全都把能力表达出来的时候，一轮复习结束时，第一次市里大联考，我语文考了148分，只扣在作文上扣了2分。

当然了，说的这些方法要根据自己的情况来借鉴。比如，满分150分的数学，你考了30分，你同桌考了50分，这种情况下：第一，你俩不需要去借鉴"学霸"笔记和改错本，你们差得太远了，甚至你们班级里"学霸"的数学改错本，你连看懂都很难；第二，你和你同桌就没有互相学习的必要了，你考了30分，他考了50分，有可能你俩做对的是完全不一样的题，不会的也是完全不同的模块，对于这种情况来说，还是好好听老师讲课，提分更快一些。满分150分考到120分以下，不建议自己开创什么独特的学习计划，跟上老师的节奏，把要求的都做到位，很轻易就会到120分。只有你在高分段遇到"瓶颈"了，才需要独辟蹊径，打通学习的脉络。

要想提高自己的分数，首先是对自己做一个清晰的分析和定位，确定自己目前处于怎样的阶段，突破目前的成绩需要怎样的行动。合适的目标、合适的规划，是效率的优先保障。如果现在你的分数在及格线以下，属于学习的基本要求没有落实到位，把上课老师讲的内容落实到位，把笔记记录清楚，认真地完成课下的作业，就能考到及格线以上了，并不需要独辟蹊径，及格线以下并没有什么区别，基本学习行为的优化而已。如果超过了及格线，但是一直没有跨入高分段，那就要反思学习行为，找出问题所在，这个分数段是个性化的，每个人的情况都不同，有的可能是做题没思路，有的是做题慢，还有的是粗心马虎总是出现计算错误，各不相同、因人而异。而到了高分段，情况就更加的个性化，当数学150分满分，考到140分的时候，每个"学霸"都有制约自己成绩进步的原因，需要自我分析，也需要授课老师帮助你进行试卷分析，每次大考后都要针对这次考试做总结、做反思，分数越高，问题越要细化，高分段同学问出来的问题往往都是细节问题，具体哪个环节的问题，甚至精准到一个具体的知识点。而低分段同学问的问题普遍比较空，比如，成绩该怎么提高，为什么自己不会，类似于这样的问题。

6.清华、北大两日学习

2005年秋季开学的时候，校领导组织了一次活动，这次安排，可以说直接改变了我一生的命运。2005年秋季开学，经过校领导研究决定，把本校高一到高二学生的所有周考月考成绩调出来求和，年级排到前15名的同学，可以由学校拨经费前往北京参观清华、北大。这是一次伟大的决定，也是改变我校历史的一次决定。

调取成绩的那几天里，我彻夜难眠。

高一、高二成绩有过轻度的"放水"，但还好一直保持在第一梯队，进到前15名并不是很稳，北京啊，北京，首都啊，首都，清华啊北大啊，想想都激动，从小到高二，从来没坐过大巴，没离开过县城，火车连见都没见过，自己倒是开过拖拉机。那几天的气氛很紧张，第二梯队的反而很放松，因为他们不可能被选上的，反而落得自在。某天下午的晚自习，班主任走进来宣布名单，首先宣布，前15名我班占据了12个名额，其余3个名额被其余实验班几位尖子生拿到了。下面开始宣布被选中前往清华、北大参观的同学。

第一位：×××

不是我。

第二位：×××

不是我。

第三位：×××

不是我。

心里默念，老师啊，你能不能快点，你这慢悠悠地公布，我的心都要跳出来了，心脏病都要得了！

第十名：刘杰……

后面是谁，我都听不进去了，那一刻，觉得自己这个大众化的名字竟然这么好听，仿佛像做梦一样，想都想不到，我就要去北京了，去天安门广场，去我大中国的首都，去清华、北大，哎呀，难以想象，站在清华里，我会不会没出息地哭起来。

班主任说："点到名字的同学，这几天收拾一下行李，主要是把本子带上，每天给我写一篇感想，家里有相机的可以叫父母送来带上，到时候拍照留念。"那个时候拍照还是用相机的，很少有人有手机，记忆中我们高中物理老师有个手机，他喜欢别在腰带上，这应该是那个年代的时代特色，每次讲课的时候，手机响了，他总是让铃声响一会儿再去接，我们觉得好牛啊。

不行，我要把这个激动人心的消息告诉我的父母。

为了节省开支，在我升入高中以前，我们家是没有电话的，没有手机，更没有座机，因而在初中的时候，老师发下一张表格，让大家登记自己家的地址和电话，方便联系，我都会很尴尬，好在邻居家有一部座机，我会把他家的号码写上，老师需要联系父母的时候，都是打电话到邻居家，邻居再跑来我家告诉我妈学校来电话了。

升入高中以后，家里装了一部电话，因为学校是住宿制，每月只放一天的假，有时候还不是很规律，需要经常跟父母联系，装了这一部电话，有事的时候，我会去学校的小卖店，那里有公用电话，2角钱一分钟，晚上下课后，跑到小卖部，打通了家里的电话，告诉了父母我被选中去清华、北大参观学习了，而且是免费的！吃饭也是免费的！说这些只是想让父母不要增添无端的烦恼，没提可以带相机的事儿，如果提了，买一个是不可能的，家里没有这个实力，他们一定会四处打听谁家有相机，能不能借给孩子用一下，我不想让他们如此的为难。

在多年以后，我毕业了，有了很好的工作和很丰厚的收入，给父母买了名牌的相机，每人一部智能手机，给他们买了汽车，在县城买了最好的楼盘的房子，让他们搬去县城住，不再在农村里忍受寒冷，凡此种种的一切，或许是对过去我们生活的补偿，不曾拥有的，我们通过努力，可以拥有，父母不曾给予的，我可以通过努力，给予父母，我是他们的骄傲！

学校租了一辆旅游大巴，拉着班主任和我们一行15人，前去北京，而远在北京，当地前几年考到北京的几位大学生已经集结完毕，等待迎接我们这些师弟师妹了。

小时候开惯了拖拉机，我是个不晕车的孩子。

原来从我们县城到北京要那么远，大巴车整整开了7个小时，更想不到，县城里的一位同学他家给他带了那么多吃的，一看人家这就是出过远门的人啊，我就带了两套衣服和一个本子一支笔，其余什么都没带。庆幸的是他坐在我旁边，关系也很好，我可以与他一起分享。

半途实在是受不了了，大家强烈要求停一下，去上个厕所，最开始是兴奋的，沿途观赏着风景，从没见过这么宽广的河，没见过如此无垠的田野，从来没有见到如此美丽的太阳，照耀着我们，到了后半程，大家有些累了，纷纷睡了过去，上午出发，傍晚时分，终于要进京了。这是一件非常有仪式感的事情，即将到达北京南六环，就意味着要到北京了。

漆黑的夜晚，昏睡后的我们，异常兴奋，哇，这就是北京啊！

司机说，这是河北。

终于到了北京，因为已经是夜晚，除了比县城里灯光璀璨一些，并没有太多的不同。

到了接待我们的小宾馆，现在看来是很普通的小宾馆，在当时，简直太高兴了,哇,这就是北京的宾馆啊,好干净啊,我们住的房间是四个人一间的那种,正好我们宿舍来了四个人,完美的安排。晚饭是一桌的家常菜,中间放了一大盆米饭,随便吃!

"随便吃?老师,随便吃吗?"好几个同学都这样去问。

得到肯定的答复以后,这是我18岁之前第一次吃的随便吃的饭,我曾以为这就叫自助餐。大家狼吞虎咽地大吃起来,班主任特别强调,这里人生地不熟,大家15人只有一人带了手机,就是带了一堆零食的那家伙,联系起来不方便,晚上一定不能外出。明早7点准时在大厅集合!

宾馆只有两层,我们住在二层,晚上还是翻窗户跑了出去,安全起见,我们带上了有手机的家伙。

北京的夜,如此的漆黑,灯光却璀璨,我们在胡同里走着,说实话,红砖绿瓦的晚上,我们有点害怕。蹩脚的普通话用来问路,听说入住的宾馆距离天安门不远,步行了一个多小时,终于到了天安门广场,激动的都要流下眼泪。这就是我们在电视上见过的天安门广场啊!这就是每天早上光荣升起的国旗呀!这就是祖国的首都北京呀!可惜,那部手机没有拍照的功能,我们没有留下值得纪念的一幕。只知道大家各怀心事,在那里驻足了很久,似乎有很多心事要告诉这片让人憧憬的广场。带着心事回去,宾馆的老板真好,没有告诉班主任,悄悄地帮我们打开了房门。

早上7点,准时集合,吃了平生吃过的最好吃的包子,心里带着喜悦,一切都变得美好。

驱车前往清华,停到了二校门那里。很多没去过清华的人可能不知道,大家在很多书籍上见到的写着"清华园"三个字的白色的门,并不是清华的大门,而是清华校园里的门中门,这个门不允许穿行,只允许"膜拜",门的后面,就是最有名的清华学堂和日晷。

　　站在二校门前面,班主任为我们合影留念。阳光刺眼,心情激动,不知是阳光刺到了眼睛还是激动引起了遐思,眼角竟然有些湿润,我攥了攥拳头,感受到了自己的存在,感受到了力量的存在。他们在不远处买了一些纪念品,清华的明信片、清华的纪念校徽,甚至有个胖女生竟然买了一件清华的纪念衬衫。我什么都没有买,我明年还会回来的。

　　我们静静地在清华的校园里走着,小心翼翼,生怕惊扰到如此圣洁的名校,我们观察来往的学生,清华的学生,非常朴素,一辆破旧的自行车、一个书包、一个水杯,这是清华园里各个路上最普遍的景象,你难以想象,这里面任何一位,在他的家乡都曾是叱咤风云的人物,都是当地多年来的骄傲。而来到了这里,大家回归了平凡,回归了谦逊,人外有人,天外有天,高手云集的环境里,大家也都不再那么骄傲,普遍能保持着空杯心态,去求学、去读书,去继续进步。感

▶ 站在清华园,暗暗发誓的自己

受这里的一草一木，如此的陌生，因为从未来过，又如此的熟悉，因为无数个夜晚曾憧憬过。真正来到这里了，觉得似乎清华大学也没有想象中的遥不可及，这或许是这次出行带给我们最大的体会，也是在心灵上带给我们的最大的震撼。很多人原本不敢想象考入清华、北大，似乎平凡的人经过科学的努力也可以做到，也可以坐车7小时来到这里上学。

站在"清华园"三个字下面的时候，我就在心里告诉自己，记住此刻的感受，明年我还会站在这里，此时此地此刻，永远铭记，明年某时某刻的我，希望还能再次站在这里。其实第二年大学开学报到，我就站在当初合影的地方，自豪地接受了电视台的采访。

来到清华的荷塘月色，我们不约而同地朗诵起了朱自清先生的散文。

这几天心里颇不宁静。今晚在院子里坐着乘凉，忽然想起日日走过的荷塘，在这满月的光里，总该另有一番样子吧。月亮渐渐地升高了，墙外马路上孩子们的欢笑，已经听不见了；妻在屋里拍着闰儿，迷迷糊糊地哼着眠歌。我悄悄地披了大衫，带上门出去。

沿着荷塘，是一条曲折的小煤屑路。这是一条幽僻的路；白天也少人走，夜晚更加寂寞。荷塘四面，长着许多树，蓊蓊郁郁的。路的一旁，是些杨柳，和一些不知道名字的树。没有月光的晚上，这路上阴森森的，有些怕人。今晚却很好，虽然月光也还是淡淡的。

路上只我一个人，背着手踱着。这一片天地好像是我的；我也像超出了平常的自己，到了另一世界里。我爱热闹，也爱冷静；爱群居，也爱独处。像今晚上，一个人在这苍茫的月下，什么都可以想，什么都可以不想，便觉是个自由的人。白天里一定要做的事，一定要

▶ 参观清华园时的合影

说的话，现在都可不理。这是独处的妙处，我且受用这无边的荷香月色好了。

曲曲折折的荷塘上面，弥望的是田田的叶子。叶子出水很高，像亭亭的舞女的裙。层层的叶子中间，零星地点缀着些白花，有袅娜地开着的，有羞涩地打着朵儿的；正如一粒粒的明珠，又如碧天里的星星，又如刚出浴的美人。微风过处，送来缕缕清香，仿佛远处高楼上渺茫的歌声似的。这时候叶子与花也有一丝的颤动，像闪电般，霎时传过荷塘的那边去了。叶子本是肩并肩密密地挨着，这便宛然有了一道凝碧的波痕。叶子底下是脉脉的流水，遮住了，不能见一些颜色；而叶子却更见风致了。

月光如流水一般，静静地泻在这一片叶子和花上。薄薄的青雾浮起在荷塘里。叶子和花仿佛在牛乳中洗过一样；又像笼着轻纱的梦。虽然是满月，天上却有一层淡淡的云，所以不能朗照；但我以为这恰是到了好处——酣眠固不可少，小睡也别有风味的。月光是隔了树照过来的，高处丛生的灌木，落下参差的斑驳的黑影，峭楞楞如鬼一般；弯弯的杨柳的稀疏的倩影，却又像是画在荷叶上。塘中的月色并不均匀；但光与影有着和谐的旋律，如梵婀玲上奏着的名曲。

荷塘的四面，远远近近，高高低低都是树，而杨柳最多。这些树将一片荷塘重重围住；只在小路一旁，漏着几段空隙，像是特为月光留下的。树色一例是阴阴的，乍看像一团烟雾；但杨柳的丰姿，便在烟雾里也辨得出。树梢上隐隐约约的是一带远山，只有些大意罢了。树缝里也漏着一两点路灯光，没精打采的，是渴睡人的眼。这时候最热闹的，要数树上的蝉声与水里的蛙声；但热闹是它们的，我什么也没有。

忽然想起采莲的事情来了。采莲是江南的旧俗，似乎很早就有，而六朝时为盛；从诗歌里可以约略知道。采莲的是少年的女子，她们是荡着小船，唱着艳歌去的。采莲人不用说很多，还有看采莲的人。那是一个热闹的季节，也是一个风流的季节。梁元帝《采莲赋》里说得好：

于是妖童媛女，荡舟心许；鹢首徐回，兼传羽杯；櫂将移而藻挂，船欲动而萍开。尔其纤腰束素，迁延顾步；夏始春余，叶嫩花初，恐沾裳而浅笑，畏倾船而敛裾。

可见当时嬉游的光景了。这真是有趣的事，可惜我们现在早已无福消受了。

于是又记起，《西洲曲》里的句子：

采莲南塘秋，莲花过人头；低头弄莲子，莲子清如水。

今晚若有采莲人，这儿的莲花也算得"过人头"了；只不见一些流水的影子，是不行的。这令我到底惦着江南了。——这样想着，猛一抬头，不觉已是自己的门前；轻轻地推门进去，什么声息也没有，妻已睡熟好久了。

一九二七年七月，北京清华园。

我们早已把这篇文章的一字一句背诵下来了，来到这里，非常应景。我认为这里面最漂亮的一句是最后一句，一九二七年七月，北京清华园。以至于考上清华以后，与友人写信时，我也喜欢这样的落款，刘杰，某年某月某日深夜，于北京清华园。

后来我们去了清华的工字厅。工字厅共有房屋100余间，总建筑面积约为2750平方米，院内曲廊缦折，勾连成一座座独立的小套院，形成这组建筑的主要特色。曾有学者说，这就是《红楼梦》里"大观园"的原址，现在看来，固然没有什么根据，但也足以说明这所庭院的盛貌。

清华有个有名的地方，叫作"情人坡"，在后来我的理解里，这

▶ 清华园的荷塘月色

◀清华大学工字厅

其实是清华师生戏谑的称呼，因为清华大学的男女比例差距很大，清华的男同学普遍没有女朋友，可能这是一种自嘲的说法。说是"情人坡"，其实一片广阔的草坪和长廊，在阳光明媚的午后，会有很多学生在这个草坪上看书，或者有些班级会在这个草坪上组织一些班级活动，很多外校的人来参观时，也喜欢在这里合影留念，毕竟广阔而干净的草坪，看上去让人舒心。

　　清华的宿舍条件很好，可惜非本校学生无法进入，我们在外面观赏，本科生宿舍普遍都是六层的建筑，结构设计得很好，各个角度采光都极佳，楼与楼之间都是小公园一样的设置，绿色植被、牡丹月季，应有尽有，好在教学楼我们可以悄悄地进去看一下，走进教学楼，非常的安静，但是每间教室里都有很多人在看书、在听课，大家全神贯注，完全忘却了时间的存在，这更增添了我们的向往。每一个地方我都曾驻足，并没有留下太多的照片，一是毕竟是只有一部相机，资源有限；二是我把所有的精力放在感受这里的一切，记住这里

▲ 清华大学教学楼之一

▲ 清华学堂

▲ 清华大学中央主楼

▲ 清华大学数学物理基础科学楼

的感觉，记住这里带来的荣誉感，我要付出我所有的努力，我一定还会回来的。

　　清华大学的西门与北京大学的东门斜对面相望，后来学校管控严格，非本校师生，进入学校，要登记身份证或学生证，实名进入学校，考上清华以后，接待来京的友人，带他们去北大参观，出示清华大学的学生证时，保安亲切地说："邻居来串门来了啊"，甚是友好。北大的不少保安人员通过旁听北大的课程考上了大学，改变了自己的人生命运，也一度传为佳话。北大校园也是园林式建筑，像清华、北大这样的学校，置身其中时，你不会觉得这是一所学校，反而觉得像是一个公园，毕竟清华园、燕园、圆明园、颐和园都是以前有名的皇家园林，绿化面积大、古代建筑多，文化气息极其浓郁。

　　在北大参观时，印象最深的是未名湖。

　　它是在原有自然水面的基础上规划整理而成。据知情者说，它的名称是出自钱穆教授的灵感。它能以"未名"而扬名天下，却是因为

◀ 北京大学博雅塔

那些曾在湖边散步、凝神的大师们,是他们自由、深邃而悠远的思想熏陶,让这湖水、这园林生出了一种独特的灵气。有一首诗曾一度在北大流行:

未名湖是个海洋,

诗人都藏在水底,

灵魂们都是一条鱼,

也会从水面跃起。

未名湖北的镜春园,在圆明园被焚时它的卷棚顶也随之不复存在,但其木框架却还傲然挺立,并有一老垂花门,门联上写着"乐天知命,安土敦仁"。多少年过去了,这里仍是林木葱茏,荷塘映绿,在一定程度上保留着旧园的风貌。

在未名湖畔,很多北大学子,三五成群,吟诗作赋,文艺气息浓厚。

两天的行程,实在是短暂,每天都像在梦境中一般。试图记录

▶ 北京大学未名湖

下这一些，让回忆能保留得久一点，动力也就能坚持得更长一些。每天晚上回到宾馆，会写一篇感想，默默地回忆白天的一切，让这份动力保存在心里。在我们农村，乡亲们知道的大学不多，一是清华、北大；二是考上了大学。而在周边理科生的认知里，清华带给他们的荣誉感和归属感更强烈一些。因而在我们县城，谁要是考上了清华大学，那基本上全县人民都会知道你的名字了。

虽然不太恰当，当时能想到的感受，大概相当于"除却巫山不是云"的感觉。

驱车回来的路上，没有了去时的兴奋，大家有些疲惫。开车到天津的时候，班里几位平时比较有话语权的同学，力劝班主任在天津停车，让大家吃一顿狗不理包子，班主任特别和善，答应了大家的请求。

在班主任和任课老师的眼里，我是一个非常内向的人，寡言少语，也不会提出什么建议，似乎很多时间，我都沉浸在自己的内心世界里，人在但是心不在，一直在思考一些问题，有些冷漠、有些执着。像这种提建议的事情，我一般是随大流的，大家说怎样，我就怎样，毕竟这也不是我所关心的，我几乎所有的心力都放在了目标上。

回到学校，似是胜利归来，实则带着心事。这次清华、北大之旅，应该在很多同学心里，深深地刻下了烙印，起码我会觉得，哦，原来清华、北大不是那么的遥不可及，原来清华里的学生看起来也似乎并没有异于常人，看来通过努力，我们也是可以去的。说简单也简单，就是四套试卷，语数外+理综。说来也难，这四套试卷，凝聚了十几年的求学，凝聚了多少家庭日日夜夜的付出。

7.状元前来,激动万分

回到学校的几个月里,大家干劲儿十足,每天充满了希望,似乎看到了目标,当然以清华、北大在山东省的招生人数和我校的发展历史来看,我们15人不可能都去清华、北大,能有1人去了就不错了,只是大家都看到了一种可能。

起码于我来看,如果有一个人如愿以偿,那应该就是我了,没有人会比我更努力,没有人会比我更坚毅,我种过地、锄过草、卖过菜、养过牛,我看过凌晨的繁星,走过无人的夜路,我在一望无际的庄稼地里埋头耕种,我在肆无忌惮的青春里默默努力。

这种自信,让人心生敬畏,有时候我都敬佩我的勇敢。

几个月后,大家学习的劲头有所下滑。

人就是这样,对自己的要求是逐渐降低的。原本你的目标可能是清华、北大,过了一段时间,被现实教训之后,你的目标可能只是普通的名校,再过一段时间,你可能继续妥协,心想考个本科就好了啊。可是你忘了,曾经的你是多么的雄心壮志。

终其一生,人都在妥协,向时间妥协,向生活的无奈妥协,但永远不要向梦想妥协。

学校很明显发现了这个现象,特地邀请了上一届的山东省状元来校演讲。

报告厅演讲后,班主任专门邀请状元进了我们班。

我依然坐在靠窗的位置，静静地看着、听着，我要确认，山东省的省状元、清华的学生是不是明显看起来聪明很多，答案是并没有。那么如果不是天赋使然，一定是科学的学习方法和坚持不懈的努力，实现了清华梦。我详细记录了状元给我们的学习建议，日后拿出来不断地反复研究领悟，像是得到了一本"武林秘籍"，只是暂时看不懂罢了。

这位状元给我们分享了很多，他说，在他高三备考的过程中，他经常告诉自己，"只问耕耘，不问收获"，意思是每天默默地去付出、去努力，而不要总是盯着收获、盯着目标，享受整个学习的过程，自然会有好的结果。

其实很多人潜意识里会有这样的顾虑，我现在学习成绩不好，从现在开始努力，最后一定能考上理想的学校吗，很多人担心自己的付出没有结果，但谁又能保证所有的付出一定有怎样的结果呢。不努力，一定是失败，努力，一定有成功的可能。与其担忧未来，不如把握现在。过程做好了，结果一定不会差。

我悄悄地做了一件违反校规的事情，破坏公共财物。

我在自己的桌子上，拿小刀刻下了一句话：

"如果我是一个清华人，我应该怎样做"。

这是那位省状元与我们共勉的一句话，在后面半年高考冲刺的过程中，我经常用这句话提醒自己，高目标、严要求，要以清华人的标准要求自己的日常学习，才能进入清华，成为清华人。这句话在我从教以后，也经常分享给我的学生，考试成绩高了，你问问自己，如果你是清华人，应不应该洋洋得意忘乎所以，当你考试失利，郁郁寡欢，你问问自己，如果你是清华人，你应不应该垂头丧气，一蹶不振。

关于临场发挥，状元告诉我们，不要把考试当作考试，而要把考试当作一次与出题人的交流，去想象出题人出题的过程，想与你关于哪些方面进行交流。如果你总是觉得是在考查你，肯定会紧张，如果仅是就某些问题进行一些探讨，心态自然平和很多。尤其是写作文时，要想想就这个主题，我想告诉出题人什么，我想表达怎样的思想，怎样的愿景，这样思考下来，心情会平静许多。

8.神秘的高考，两天纪实

因为是住宿制学校，平时是不允许进校看望的，临近高考，学校担心家长的看望会对孩子的备考心理产生影响，因而从5月1日一直到高考的6月7日、8日，就没再放假，照例应该是在5月31日放假的。

而从6月1日开始，基本就是自习状态了，很多学校会在最后一周的时间里，留给学生充足的时间，去整理笔记、整理错题。从学习的规律上来说，学习一个新的知识点一个新的方法，到掌握这个方法熟练运用，7天的时间周期是不够的。因而在最后7天，不会再讲解新的内容，是很科学的。而且讲解新的内容，容易给学生造成心理压力，学生潜意识会想，都马上高考了，居然还有我不知道的内容。

对于成绩差的同学来说，这段时间可能是分数下降比较快的一段时期，自制力差，学习没有规划，每天大把的自由时间，很多同学就在无所事事中度过了,很多成绩差的同学平时的学习行为是不科学的,他们的复习方式是看笔记,甚至是对着答案看题,这样大脑不会累,而且有满满的成就感,但其实基本没什么效果。作为理科学习来说,你大脑参与得越少,学习效果越差。对着答案看题目,绝大部分人都会觉得不难,都会错以为自己做的话也会是答案那样的思维方式,可是当你合上答案自己做的时候,你就知道之前的复习多么的无效了。而对于成绩优秀的同学来说,正盼望着这样的一个机会,针对自己的情况进行针对性的查缺补漏,因为成绩好的同学,会比较清楚自己的弱点所在,高分段的同学弱点各不相同,正所谓知己知彼、百战不殆,熟悉自己的短板,考前突击,效果很好。这也是临考前的最后一次冲刺了。班主任韩老师给我们解释了为何没有放假,因为我们的父母普遍都是农村家庭,受教育程度不高,又因为过于淳朴,心里有什么,可能不假思索就说出来了。比如高考确实非常的重要这样的话,可能对于农村孩子来说,这的确是唯一一次改变命运相对简单公平的途径了,农村的父母就会跟孩子说,一定要考好啊,咱们全家就靠这个了!你以后的人生就靠这两天了!这样的说法本没有什么错误,但是会给孩子造成非常大的心理负担,反而影响了考试发挥。

6月1日开始的这几天里,大家心情有些沉重,气氛有些压抑,大家对于"高考"二字讳莫如深,绝口不提,但是每个人心中都非常清楚,模拟了那么多次,真正的实战要来了。

高三备考的时候,韩老师提出了"平时高考化,高考平时化"的理念,顾名思义,容易理解,就是在平时的训练过程中,当作高考一样去看待,调整备考心态,规划考试时间,尽可能地去模拟高考,这样才能在高考的时候,适应考场环境,能够从容一些。每周一次周考，每月一次月考，等于每月四次大考，那么全年下来大概四五十次的大型模拟考试，在真正面临高考的时候，依然捉襟见肘，万分紧张。

6月1日至6月5日，一直没有跟家长联系，那段时间里，时间仿佛都静止了，不知道跟家长说什么，也不知道家长会说什么，还是沿袭着过去的轨迹，早起晚归，看书学习，安静地坐在窗边，一切都是那么的熟悉，又是那么的陌生。

有时候会盼着高考早点到来，有时候又害怕高考来得太早。

很多人在高三的时候，都会有这样的体会。复习一段时间后，心力交瘁，会想着高考快点来吧，早点考完，早点解脱了，又想，万一高考真的早点来了，我还没复习好，没考好又该如何是好，内心是非常矛盾的。

心理学家发现，学习压力和学习效率的关系是"倒U形曲线"。

适度的焦虑体现了我们对考试积极认真的态度，但过度的考试焦虑，则会干扰我们的学习，对身心健康造成不利影响，我们要克服过度的焦虑，从容地面对考试。

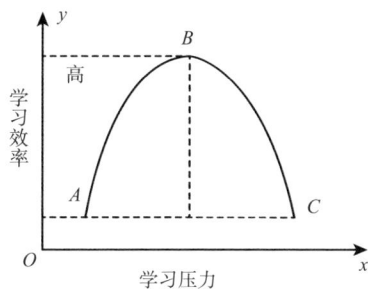

面临大考，过于焦虑与过于放松都会影响考试的发挥，大概是中等程度的焦虑和压力，是最佳的考试状态。有些学校会在高考前允许学生庆祝，甚至把教材撕掉，发泄内心的压力，如此兴高采烈的提前庆祝，耗尽了心力，真的有利于高考的发挥？高考是一场关于科学、关于知识的打仗，并不是吹起号角冲锋杀敌，而是需要一个很平和的心态去面对，大抵是很多学校根本没有想明白这个道理，甚至有的组织在高考当天进行鸣礼炮的活动，意义何在呢，我是想不清楚。

6月6日的晚上，大家没有学习，当然也不会搞什么庆祝活动，班主任韩老师来到班里，跟大家开了个班会，说是开班会，其实就是他自己发言，我们就静静地听着，他带我们回忆我们整个高三一年的付出，整个一年的披星戴月，一节课的时间，我们觉得自己整个高三一年，无怨无悔，哭过也笑过，就是没有被困难打倒过。这一节课太重要了，说实话，我们真的不知道6月6日的晚上应该做些什么，如果无所事事地待一晚上，可能内心会更加的紧张。韩老师告诉我们，高考呢确实是一场大型的模拟考试，跟平常差不多，只不过题目呢更规范一些，试卷印的呀更清楚一些，总之就是很好的一套试卷呀。当然了，有同学说，老师，我晚上失眠怎么办呀，老师负责任地告诉你，你就是失眠一晚上，照样不影响第二天的发挥，你肯定不会困的！我们都哈哈大笑。班主任跟我们分享了很多考试的经验，内心平和了不少。

人的压力很多来自未知，如果参加过高考，知道高考不过如此，也就是做几套题而已，跟平常没什么区别，自然心里会放松很多。但是如果初次参加高考，会把高考想象得过于神秘，从而导致内心的恐慌。

出于对高考的强烈期待外加一丝丝内心的担忧，我还是失眠了。

宿舍里有一位复读生，上一年的时候他考了670多分，差一点考上清华、北大，心有不甘，今年要冲刺清华、北大，我向他请教。

你高考前的晚上失眠没？

失眠了，所以考砸了嘛。

我更紧张了。

好在另外一个舍友把随身听借给我听，听了一会儿安静的音乐，慢慢还是睡着了。

当年的时候要求换学校高考，我们学校和县城里另外一所高中的理科生互换考场，所以早上起来时，我们需要坐大巴车前往另一所学校参加考试。校长说，省了那么多年了，这次咱们不省了，咱们租用县里最好的大巴车，送你们去考试，早上的时候，来了16辆豪华大巴，特别高的那种，真是气派，像"部队出征"一样。吃过早饭，登上大巴车，我们实验一班理所当然地坐上了第一辆，班主任坐在最前面，像是带队远行的将军，看到了他后脑袋上的白发，那一刻竟些许的有些心酸。整个高三一年，早上5点韩老师准时出现在宿舍门前，督促大家去跑操，晚上12点所有宿舍点名完毕，确保万无一失，才骑着他破旧的自行车回家休息，从未间断。这次的考试搞得有些气派，气派的让人有些紧张。最前面是三辆警车开路，很多孩子不理解县城里为何这样，对于很多山东的小县城来说，高考是全县人民的大事，高考车途径之路都是要戒严的，前面三辆警车开路护航，最后面还有一辆救护车随行护驾，我很紧张，为什么还要有救护车？高考这么恐怖吗？半小时后我就知道了——是的，是这么恐怖。

在学校的电动大门咯噔咯噔地滑开，大巴车队缓缓地开出去，惊呆了。

因为封路，主路上一辆车都没有，而辅路上竟然站满了家长，足足有几千人，原来都是来看望自己孩子的，或许他们承受的压力并不比我们小，或许昨晚他们也失眠了吧。我打开大巴的窗帘，一眼看到了父母，他们就站在最靠近校门的地方，看到我时，冲我挥手，他们年龄已经很大了，父亲略微有些驼背，望着他们，让我想起了朱自清的《背影》，可怜天下父母心。大巴车隔音效果很好，外面说什么都听不到，母亲看我听不清，就跷起了大拇指伸着，意思是加油，儿子。我拍了拍胸脯，也比了一个大拇指，告诉父母，放心吧，我是最棒的。悄悄地拉上窗帘，我的眼泪竟然止不住地流了下来。

要在最短的时间内平复自己的心情，中途我们的车队跟对方学校的车队擦身而过，他们租用的大巴车简直是中巴车，太寒酸了，交错而过的时候，看他们的目光是俯视的，我们内心涌现出了一丝的骄傲。很快大巴车到达了对方学校，开进去以后正好绕着教学楼一圈，停车，我们纷纷下车。

班里的一位女同学竟然流鼻血了，我同桌也没出息得有点眩晕。前者是因为家里担心孩子营养不足，硬是托亲戚给孩子弄来人参，结果补大多导致流鼻血了，我同桌纯粹是被吓到的，他有这个毛病，特别紧张的时候会出现晕厥的现象，这不，救护车过来了，赶紧帮他俩处理，曾经有一刻我仿佛置身事外，仿佛参加高考的不是我，而是别人，我只是一个看客，那一刻，忽然恍惚了一下。

进入考场后，语文试题发下来。多么庄严的时刻，期待了很久的高考，就是此刻。果然前五分钟大脑一片空白，什么都想不起来了。当我盯着语文第一题看的时候，每个字都不认识了，看字不像字。其实大家平时也有这样的体验，当你盯着一个字长时间看的时候，会发现这字越来越不像字。这种现象其实就是语意饱和现象。

这和文字识别过程有关。文字识别时，首先是字形信号，即笔画、结构信息等视觉信息作为神经电信号，通过视神经投射到后脑勺附近的大脑视觉中枢，包含图像信息的电信号，通过与神经中枢中的文字记忆数据库比对，转化为语意，从而读懂这个字的含义。

如果长时间盯着这个字看，那么相同神经信号会重复刺激同一个区域的神经元细胞，也会反复读取记忆数据库中的储备信息，这种重复刺激和重复信息读取会诱导同一神经元产生疲劳，在神经电生理上对应的术语是动作电位的不应期。

在不应期内，新的刺激信号并不能产生新的动作电位，不再将该神经电信号与中枢的记忆数据库比对，从而产生信号搜索停滞，即信号饱和刺激转变成信息识别停顿，从而变得陌生，不再认识了。

因此，语意识别饱和现象也可以解释孩子学习效率不高的问题。当孩子为提高分数通过题海战术而重复刷题时，大量重复信息让神经元细胞产生疲劳，工作效率变低甚至停止工作。

当你身处考场的时候，遇到一切问题，都需要用最短的时间调整好状态，总时间是有限的，平复得越快，能够正常答题的时间就越久。这跟平时的备考是一个道理，在某一天，大家距离高考都是100天，那么在接下来的100天里，假设有一天你考试没考好，晚自习你可以选择调整心态，方式可以是跟班主任谈心、与同学沟通等，当然也可以选择自我疏导，用十几分钟时间放松心态，让自己保持平静，晚自习用来改错。显然后一种方式对于时间的利用率更高。时间有限的情况下，迷茫和焦虑的时间越少，行动和落实的时间越多，最终的学习效果是越好的。

在高三的备考过程中，我们曾学习过"系统脱敏法"，用来缓解焦虑。

进入放松状态：首先应选择一处安静适宜、光线柔和、气温适度的环境；其次让患者坐在舒适的座椅上，让其随着音乐的起伏开始进行肌肉放松训练。训练依次从手臂、头面部、颈部、肩部、背部、胸部、腹部以及下肢部训练，过程中要求患者学会体验肌肉紧张与肌肉松弛的区别，经过这样反复长期的训练，使得患者能在日常生活中灵巧使用，任意放松程度。

想象脱敏训练：应当先让患者想象着某一等级的刺激物或事件。若患者能清晰地想象并感到紧张时停止想象并全身放松，之后反复重复以上过程，直到患者不再对想象感到焦虑或恐惧，那么该等级的脱敏就完成了。以此类推做下一个等级的脱敏训练。一次想象训练不超过四个等级，如果训练中某一等级出现强烈的情绪，则应降级重新训练，直到可适应时再往高等级进行。当通过全部等级时，可从模拟情境向现实情境转换，并继续进行脱敏训练。

现实训练：这是治疗最关键的地方，仍然从最低级开始至最高级，逐级放松、脱敏训练，以不引起强烈的情绪反应为止。为患者布置家庭作业，要求患者可每周在治疗指导后对同级自行强化训练，每周两次，每次30分钟为宜。

针对高考而言，操作比较简单。你在平时的学习过程中，如果产生了焦虑，可以让自己躺在床上，去想象自己坐在高考的考场上，想象自己拿到试卷的过程，逐渐地增加压力和焦虑，这个时候停止想象，彻底放松全身。反复多次，直到再次想象让你产生焦虑的情景时

不再感到焦虑。在我高三的一年里，我经常晚上想象高考的考场，次数多了以后，对高考考场由陌生转为熟悉，真正坐在考场上的时候，也就没那么紧张了。

语文试卷的前面几道题是语言基础题，字音字形，成语标点，前四个都做错了，自己确实非常的努力，教辅书的相关内容早已烂熟于心，可是由于方言的影响，学习的时候发音是普通话，平时说话又是方言，弄得自己有时候分不清哪个是对的，哪个是错的。比如潜能的潜，在山东方言里这个字是三声，而在普通话中这个字是二声，让人纠结。前四个一点把握都没有，内心慌得很，但是如果我有这个问题，那么整个山东省的考生都会有这个问题，我没把握，别人就有把握了吗，这么想来，大可不必慌张，尽可能地在后面擅长的题目做一些补救就好了。

2006年山东省高考作文是这样的：

阅读下面这首诗，根据要求作文

星星

雷抒雁

仰望星空的人

总以为星星就是宝石

晶莹、透亮、没有纤瑕

飞上星星的人知道

那儿有灰尘、石渣

和地球上一样复杂

读这首诗可以产生不同的联想或感悟。请根据你的联想或感悟写一篇文章。

注意：

①联想或感悟要与整首诗的寓意有关。

②立意自定、题目自拟。

③不少于800字。

④除诗歌外文体不限。

很多人读到这篇文章的时候首先想到的是距离产生美，我在构思作文的时候，会思考两个问题：一是出题人是怎么想的；二是其他考生是怎么想的，想明白出题人的思考方式，我可以不跑题，想清楚其他考生的思考方式，我可以做到立意新颖不落俗。

既然大家都会写距离产生美，同时一定会写"采菊东篱下，悠然见南山"，根据考后我的采访，班里至少有一半的人引用了这句话。试想阅卷老师每天阅卷无数，一天要看几百上千次的"采菊东篱下，悠然见南山"，那是何等的无聊，必须求新，而不能跑题。

如果你的思考和众人类似，凭什么给你高分。如果你的付出跟众人相差不多，缘何让你去清华、北大。

我想大家可能普遍会想到现实中的距离，而我可以把这个命题引申为思想上的高追求，思想上的圣洁的存在，于是写下了一篇"香格里拉在远方"，传说中香格里拉雪山，有飞鸟划过，不留下一丝痕迹，是完美圣洁的存在，可能在多年以后，我也不会登上这座雪山，要把他远远地望着、追求着。

人的思想又何尝不是如此呢，如果一个人没有高远的追求，高尚的灵魂，那么这个人的一生将是没有意义的，灵魂的高地，可远观而不可亵玩焉。

除了前面的语言基础外，其余部分发挥的还是很好的，毕竟都曾经做过专题训练。在一轮复习的时候，这是最有价值的一件事情。把备考这件事情上升到雕刻一件艺术品的高度，就是完全不一样的效果，所有的细节都尽可能地关注到。比如诗词鉴赏，白居易的清新脱俗、李白的豪放豁达、苏轼的洒脱不羁等都做过专门的整理分析，比如炼字方面也做过分类整理，如何去回答炼字的妙处也都形成了标准的答题套路。

语文成绩优异很大程度上得益于从小的练字，暂且不论内容怎样，整个语文试卷的卷面，干净整洁、字字清晰，一定会给阅卷人留下很好的印象，这还是要非常注意的。

考完语文，试卷交上去时，脑袋都是热的，当我去认真做一件事情时，可以非常的专注，忘记了周围所有的嘈杂，走出考场的时候，不得不特意说，腿有些站不住的感觉，可能真的是一场鏖战，身体上、心理上都承受了巨大的考验，好在平时体育锻炼方面上学校非常的重视，如果没有足够的体力保障，很难保证整场考试从始至终都能够轻松自如，都能够保持大脑的绝对清醒以及高负荷的运转。回到班车上的时候，不少同学流泪了，都说语文太难了，我虽然没有流泪，但心里知道，这次的语文怕是砸了，相比于全年几十次的模拟考试，这是考完自我感觉最差的一次。但是哭泣又能改变什么呢，试卷已经交上去了，也不可能再更改，就是把试卷再还给我，再做一遍，那也不会比上次更好，我已经彻底地把自己的能力全发挥出来了，不会的真的不会，会的也尽全力了，这就足够了，尽全力就可以了，无怨无悔。

中午的时候，学校食堂特意准备了绿豆汤，降温祛暑，吃过午饭，路过小卖部，忽然想给母亲打个电话，打过去以后，母亲问语文考得怎么样,我说还可以,算是正常发挥吧,聊了一会儿,她还是没有忍住,说,高考对咱们来说太重要了,咱可一定要考好啊。

虽然这是多么忌讳的一句话啊,但是我能理解母亲的心情,她压力太大了,只能通过告诉我的方式来缓解下。后来的日子里,我当了老师,经常与很多家长沟通,在高三这一年,很多家长背负的压力也很大,只是很少跟孩子提及罢了。而我呢,经过整个高三一年的刻苦训练,已经不会因为这么几句话引起情绪的波动了。运筹于帷幄之中,决胜千里之外,霸气豪气外加临战的内敛和谨慎,都已具备。

淡定地回到宿舍,原本以为会失眠,但其实躺下就睡着了。

其实等高三的孩子参加高考的时候,就会知道了,如果上午你几乎耗尽了人生所有的精力答题,中午躺在床上瞬间就能睡着,脑力劳动的辛苦很多时候比体力劳动还要消耗人的精力。

下午的数学是我的强项,之前做过高考数学卷的研究,当然了,在复习备考时,绝大部分都是没有自己的思想的,不过是跟随老师的步伐,听课做题完成作业而已。我们晚自习的时候,会有自己独立的时间去研究考题,基本上拿到高考试卷时,整个试卷的结构非常清楚,哪个题号对应大概有什么考法,了如指掌。我们做的备考工作非常细致,甚至怎样的题目多久之内需要答完,是精确到分钟的。不出所料,大概1小时20分钟就完成了前面压轴题之外的所有的题目,保证满分,也就是136分已经到手。最后我还有40分钟的时间去完成一道14分的压轴题。

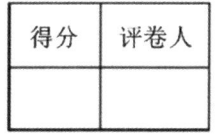

(22)（本小题满分 14 分）

已知 $a_1=2$，点 (a_n, a_{n+1}) 在函数 $f(x)=x^2+2x$ 的图像上，其中 $x=1, 2, 3, \cdots$

(1) 证明数列 $\{\lg(1+a_n)\}$ 是等比数列；

(2) 设 $T_n=(1+a_1)(1+a_2)\cdots(1+a_n)$，求 T_n 及数列 $\{a_n\}$ 的通项；

(3) 记 $b_n=\dfrac{1}{a_n}+\dfrac{1}{a_n+2}$，求 $\{b_n\}$ 数列的前项和 S_n，并证明 $S_n+\dfrac{2}{3T_n-1}=1$.

　　看到这个考题的时候，内心无比激动，这个题目曾经在模拟训练中遇到类似的考点，数列构造问题，当时就被卡住了，为了改正过来，当时这个题目详细地给了 6 种不同的解法，每一种解法都做了备注和分析，同时找了很多类似的构造类问题来训练研究。或许是因为太激动了，竟然一种方法都想不起来，好在前两问基本是送分的，没几分钟就搞定了。就是这可恶的第三问，苦难没有把我击倒，幸福却让我恍惚了，一直到快要交卷，实在没有办法了，试探性地写了一堆，最后数学接近满分而没有得到满分，失利于情绪激动。坐在考场上，我自己都要笑起来，不是因为骄傲而笑，而是笑自己竟然因为这个题做过类似的，然后想不起来了，人的思维真的很神奇，也可能确实是压力太大了，心理背负着很沉重的负担，毕竟上午语文没有考好。

　　不管遇到多大的困难，坚持到底，总会柳暗花明的。

　　后来成绩公布了，语文 120 分以上，看似不高，但后来才知道，当年的语文试题超级难，这已经是顶尖级的分数了。

这也印证了当时的猜想，我不会，难道别人就会很轻易地做出来吗？题目难了，不要畏惧，大家都难，心态调整好，会有意外收获，因为我从来没考到过如此高的名次，整个高中，我从来没把名次当作竞争的对象，而是分数，我的目标是700分以上，那么不管是有80万人参加这场考试，还是800万人参加这次考试，对我来说是一样的。题目简单了，更不能掉以轻心，大家都是一套试题，你觉得简单，别人也会有类似的感觉，那么这时候，真的是细节决定成败了。这就是，人难我难，我不畏难，人易我易，我不大意。

高手之间过招，性格总是要收敛一些。毕竟不是行军打仗，平静如水的心态，是超常发挥的基本保障。

6月7日的晚上，只需要上两节晚自习，9：30的时候就会下课，毕竟经过一天的考试，大家都累了。但是下课后没有强制要求，必须回宿舍或者怎样，很多同学去操场散步了，跟自己要好的朋友，去操场走一走、聊聊天，缓解下一整天紧张的压力。6月7日晚上，大家普遍有些压抑，白天的打击不小，需要平复下来。当然，不同的人平复心情的方式是不一样的，有的性格张扬，可能大吵大闹大哭一场，心情就好了，有的人性格内敛一些，可能自己静静地坐一会儿，慢慢地就好了。显然，我属于后者，更显然的是，当初我是不理解前者的。我甚至想，你们这样大哭一场，会不会把明天的理综和英语备考内容哭忘了。

我没有去操场散步，回到了宿舍，回来的人不多，显得很冷清。拥有随身听的同学在听歌，我说别戴耳机了，公放出来吧，一起听一听，经过一天的战斗，晚上也不太适合做题和看书了，有个很平静的心情就好了。

伴着舒缓的音乐，他说自己考砸了。

我说问题不大，你只是觉得考砸了，如果去操场看看，很多人哭呢，他们才是真正考砸的那些，从目前局势来看，今年的试题难度很大，你觉得考砸了，只是相对于过去的自己，而相对于全省的考生，说不定你名次还进步了呢，毕竟最后录取表面看的是分数，其实更重要的是名次。我刚才回来的时候，咱们班里好多平时的"学霸"在操场上哭呢，觉得受了天大的委屈一样，他们这种状态肯定是要影响明天发挥的。明天还有450分的试题要去做，今天就这样的状态，明天很难发挥好的，反而像咱们，能及时调整心态的，明天还能挽回一些分数。不到最后一科考完，咱们都得绷紧一根弦，保持备战状态。如果题目很难，我能够调整心情，更专注一些，分数可能大家都不高，但是我的排名上去了，如果题目简单，我更要专心，大家都觉得简单时，容易出现大的成绩波动，这个时候我就要去追求完美，追求满分。

他的心情明显好转了很多。

其实那个时候，无论是安慰自己，还是安慰别人，我都想到了一个办法，你不要去告诉他各种道理，你应该坚强之类的话，你只需要告诉他两件事情，第一，大家都一样，你不是最惨的；第二，如果你不放弃，未来一定更好，就可以了。情绪处于不稳定时期的人，听不进道理，如果听得进道理，还能如此理性，那也不会有如此大的情绪了。后来大学期间，有个要好的同学跟女朋友分手了，痛哭流涕，我们也是用这个办法帮他恢复了心情，你要把生活更多的糟糕的一面展现给他，让他觉得每个人的生活都有不堪的一面，生活从来都不容易，他就会习以为常了，不会过度地把问题放大。

6月7日的晚上，没有失眠。

失眠这件事情，一种可能是思绪太多，都要休息了，大脑还在高速运转，导致难以入眠，还有一种可能是白天不够累，干农活的时候，晚上从不失眠，倒头就睡，6月7日的晚上也没有失眠，白天淋漓尽致地发挥了自己的考试能力，到了晚上，大脑几乎都要不转了。

高考两天留给我的记忆太深刻了，这么多年过去了，我竟然还可以回忆起当年的情景。

6月8日的早上，照例乘坐大巴前去考试，明显韩老师的脸上有了倦容，周围同学也没有第一天那么兴奋，夏天的时候，母亲给了我一瓶花露水，驱蚊用的，当然了还有点淡淡的香气，我喜欢那种淡淡的味道。早上出来的时候，在胳膊上喷了一些，给自己提神用。今天上午的考试是一场鏖战，150分钟，300分的试题，是这两天总分最高的一套试题了。根据统计，接近一半的考生，高考理综答题是答不完的，而根据山东省的实际情况，要想考上清华、北大，如果语数外很强的话，理综在285分左右就可以了，如果语数外有一科出现问题，出现了偏科，那么理综至少需要290分以上了。这就意味着接下来的150分钟，哪怕到了最后的5分钟，你的大脑依然能保持很好的竞技状态，保持很清醒的答题思路，很多同学理综没考好，有一个非常重要的原因，那就是最后的半小时，大脑实在疲惫，已经迷糊不清了，有点像万米长跑，最初的时候，大家都可以斗志昂扬，保持高速奔跑，到了最后几圈，身体的疲惫加精神的倦怠，会越跑越慢，腰酸腿疼难以维持。说到这里，真是感谢当年的锻炼，每天10圈的运动量，曾被以为浪费了太多的学习时间，因为班里也有同学经常借口说身体不舒服不去跑步，其实大家都知道，他们只是想每天比别人多出半小时的学习时间，以超越别人罢了。

学习这件事情，并不是简单的时间的积累，住宿制学校，上午四节课，下午四节课，晚上三节课，已经算是满负荷运转了，如果再人为地增加学习时间，适得其反，你的大脑每天能高速运转的时间是有限的，多出这半小时的学习时间，远没有锻炼半小时，增强身体素质，让大脑放松一下来的效果好。如果学习是谁付出的学习时间越多谁的成绩越好的话，其实这就很简单了，我每天休息6小时，其余时间都学习，安排我进入清华、北大，我每天休息8小时，其余时间学习，安排我进入普通高校，如果我每天休息16小时，学习8小时，安排我进入大专我就知足了。

可是现实绝非如此，你最终体现出来的成绩，关乎身体素质，关乎学习方法，关乎时间规划，关乎考试心态，是一个非常综合的实力的体现，多因素共同决定了考试成绩，学会合理规划，明白这些道理非常的重要。从这个角度来说，我是幸运的，整个家庭里，没有一个人是大学生，没有人能够在高三这个阶段给予我更高层面的指导，家族里成绩最好的，是高中生，自己是高中生，怎么指导另外一个高中生考清华、北大呢，这条路，无人走到过，因为建校以来，还没有人考上过清华、北大。

像是一场远途跋涉，顶峰从来没有人到达过，于是也不会有人能给后来人那个阶段的指导。包括班主任老师、各个科目的任课老师，到这个阶段都是有些吃力的。毕竟在他们考大学的时候，成绩还没有现在的学生高，有些时候，他们也不知道给予怎样的建议是合适的。大家只能按照自己的理解去尝试。

在我的认识里，疲劳战是不可取的，一张一弛，文武之道也。

马拉松长跑，要的不是短暂的兴奋，而是长时间的坚忍不拔，执着的努力，执着的付出，目标远到看不清，目标又很清楚，一切目标都在心里。我想这是小时候在农田里耕种带给我的最大的收获之一。一个十几岁的少年，曾经在别人跑去玩耍时，一个人到自家田地里锄草，我的自制力是惊人的。在干活的时候，我学会了坚持，学会了隐忍，学会了对于长期目标的追求。

6月8日过的相对平淡，熟悉了整个流程。

下午坐在最后一科英语考试的考场上时，恍然之间找到了当年中考最后一科的感觉，谨慎中有一种说不出来的轻松，似乎找到了最佳的竞技状态，五分钟的高考听力试音，感觉每个音符似乎都被放大了，传到耳朵里清楚无比，得益于平时的训练，做起题来也是游刃有余。当时，学校订阅了英语报刊，很多人收到后，都是把里面的有趣的小短文看下，摘抄一点素材，就算完成任务了，觉得自己有了很大的收获。于我而言，这份英语报纸是为数不多的我能接触到的外界的英语，其余时间接触的都是老师印制的一些高考真题模拟题而已，我们没有学习英语的语言环境，连材料都有些匮乏。每次收到这份报纸的时候，我都如获至宝，因为是周报，每周送来一份。我会在一周之内把这一份周报里所有的固定搭配找出来，把所有不认识的单词查出来研究清楚，应用了很多语法的长句会摘抄出来做语法分析，用于作文写作和完形填空的分析，成为高考状元，回到母校演讲的时候，我曾说过一句话，那是我对自己最真实的评价。

我并不是我们班最聪明的，但我一定是最尊重规律，最敢于付出的。

英语考完，离开考场，整颗心都放松下来了。之前有人说过，高考结束的那一刻，我一定要狂奔呐喊，一定要扔掉所有的书，玩遍所有的游戏，可是我，试卷交上去，慢慢地走出考场时，虽然有一种如释重负的感觉，但更深的感悟是，我今晚做什么，竟然没有了目标。

在整个高中的每一天，我都清楚地知道，晚自习要做什么，每个小假期要做什么。我会根据自己的目标对自己的分数进行加权平均计算，比如高考满分750分，我的目标是700分，那么某科目满分是150分，按照这个比重，高考我需要把这一门科目考到150分乘以700除以750算完以后跟自己的实际分数比对，差距最大的科目，就是接下来需要侧重努力的科目，落实到侧重努力的科目上，我再看这个科目的高考题型，看看哪一种题型影响了这个科目的成绩，重点突破、重点研究，目的性非常强，针对性更是落实到细节里。我当了老师以后，经常有人问我成绩不好，应该怎么办。其实这样的问题很难回答，成绩不好是一个非常综合的因素导致的，基础差？规划差？没有方法？心态不好？发挥不好？原因能说出上百条，当一个人真正愿意去改变自己的时候，他会把自己的缺点深究到细节的。

走出考场，怅然若失，一是感觉努力了这么多年，怎么才考了这么点内容，还有很多我准备的东西并没有考查到。其实也正常，单看高中三年的学习量，拿物理来说，必修一、必修二、选修3-1、选修3-2、选修3-3、选修3-4、选修3-5。一共学七本书，七本书最后的高考只不过考十几个题而已，你复习得越全面，高考考完后的失落感越加强烈，仿佛你的能量被压抑了，你大脑的知识储备远超过这十几个题目。高考结束，忽然面临一个无所事事的夜晚，也即将面临几个月的长假，没有作业没有任务的长假，我竟然有些悲伤起来。

从小到高中，各种环境导致的自制力强、目的性强这个特点，一直影响了我很多年，我很难找一个安静的午后，喝上一杯咖啡，享受闲暇，我需要时刻处在目标之中，时刻在努力着，才会内心充实、开心。

回到班车上，班主任坐在第一排，等我们一个一个走上去，表情很复杂，有期待、有紧张，毕竟考完了，尘埃落定，毕竟分数还没出，悬而未决，照例我还是喜欢坐在靠窗的地方。每上来一位同学，老师都会问，考得怎么样，有希望考上清华、北大吗？问了很多个，我胆子比较小，当初不敢问，当老师看到我的这本书的时候，我其实特别想问问老师，为啥当初不问问我呢，如果问的话，我会告诉老师，可能性比较大。其实我大概知道原因的，整个高三一年的时间，我并不是很喜欢与别人交流，每天24小时，我给自己安排了很多的计划，根本没有时间与别人去插科打诨，更没有时间与他们去玩耍。以至于高三时，有位舍友告诉我他有两个QQ，充满了炫耀的味道，我回问他，QQ是什么。

高三的我，没有手机、没有QQ、没有社交，我内心的力量足够强大，我所有的时间都要为了目标服务，除了几个至交好友，平时交流一些学习问题，其余的交流甚少，以至于跟老师之间的交流也不是很多，我喜欢遇到问题自己去解决。学习上我遇到不会的难题了，老师点拨一下，或许可以很快地解出来，但是我的思考方式是，如果我通过翻阅更多的资料，通过类比的方式，通过研究标准答案的方式，自己把问题研究清楚了，学得会更透彻、更清楚。其实很多人是喜欢求助的，有的人问老师问题的时候，刚问了没几句，就自己拍脑袋说，哎，原来是审题不小心，其实在我眼里，这样的问题是很荒谬的，基本的认真审题都没做到，这样的提问，没有意义，类似于审题不认真、计算马虎、公式忘了之类的问题，都可以自己解决，用时少、印象深。

高难度的思维障碍是唯一突破自我的"瓶颈"。

在很多班主任和同学的眼里，我有些冷酷，不苟言笑，下了课就径直走向餐厅，走路的时候，似乎都在思考问题，所以高中的我，朋友很少，似乎我也不需要那么多的朋友。

班车开往学校，父亲已经骑着家里的三轮车在校门口等候。今晚大家就要收拾行李，回自己家了，一切都结束了。我把棉被、书包收拾好，放上三轮车，父亲骑着回家，路上简单的交流，他一直想开口问，但是一直没敢开口，或许是怕我压力大，也或许是怕我回答后，他压力太大。

正值夏日，天气炎热，农村里喜欢在院子里吃饭，毕竟屋里太热了，傍晚的时候，院子里还有点风，比屋里舒服一些。摆上了小桌，母亲准备了晚餐，她挺高兴的，起码考试结束了，心里一下子轻松了一半。在我们学校建校以来，最佳成绩是考上了上海复旦大学，因而在我们那里，没有人敢去想清华、北大，都觉得考上复旦，那就登峰造极了。

父亲拿出了几瓶啤酒，说，来一起喝点吧。

看我犹豫。

父亲说，高考完了，以后就是成人了，可以喝点。

一边喝酒，父亲一边小心翼翼地问，你说咱能考上复旦吗？

我深思一下：差不多吧，问题不大。

父亲说，那就好，那就好，考不上复旦，咱考上山东大学也非常知足了！

山东大学是我们村的最佳成绩。

父亲说,来吧,再开几瓶。

他有点高兴。

饭桌上对我说,父母文化程度不高,也没法给你什么指导,高中三年其实家里有很多事情,为了不让你分心都没有告诉你,中间我和你妈都生过大病,怕你担心,不让你知道,咱家的房子年数太多了,眼看着也要塌了,一直没有盖新的房子,也怕你分心,这下好了,你考完大学了,咱们暑假就把房子拆掉盖一个新的。这个老房子已经有接近20年了,农村的平房使用寿命不长,十几年就开始漏雨了。

6月8日结束高考,6月23日才出成绩,然后才是填报志愿。

6月8日~23日的这段时间里,正值农忙,自己也没有什么别的娱乐活动,就在家里干活,收割庄稼,晚上经常失眠,有时候梦到自己落榜了,有时候梦到自己高中了,辗转反侧,很不踏实。当时说6月23日就要出成绩,可以通过电话咨询。我没有告诉父母具体的时间,他们在门外忙碌的时候,我鼓足了勇气,拨通了查分电话,输入准考证号,电话里传来一个声音:

考生刘杰,准考证号××××××××,

语文成绩:××

心想,完了。

数学成绩:××

哇,还不错

理综成绩:××

还行吧

英语成绩:××

嗯，超出预期

总分：××

啊，比往年第一考得都多！

像是做了一圈过山车，高考查分真是太刺激了！

刚挂断电话，韩老师打来电话，说你考了××对吧，我说嗯嗯，他说目前得知的分数，你是最高的！

谢谢老师！

刚挂断电话，正要出去告诉父母，又来了一个电话。

喂？

你好，请问你是考生刘杰，准考证号×××××××吗？

是啊。

你好，这里是清华大学驻山东省招生办，经过查分，你的分数超过了清华大学在山东省的录取分数线，给你打电话是想问你，你愿意来清华读书吗？

你愿意来清华读书吗？你愿意来清华读书吗？你愿意来清华读书吗？……

老师说了一遍，我脑海里滚动了100遍。

我说，我愿意。

招生办老师：那你后面填报志愿的时候只需要写上清华大学就可以了，其余的都不需要填写，志愿方面你可以随意选择，也可以跟父母商量一下，只需要写一个专业志愿就行，写哪个就安排你进哪个专业学习，另外多说一句，你不用担心费用问题，清华大学每年有奖学金励学金，只要你表现优秀，学费住宿费各种费用都不需要家里来负担。

谢谢老师。

坐在床边，久久不能平复。我竟然真的考上了清华，就要到清华园读书了，当年省状元在我们班里说了一句话，说，我在美丽的清华园等你。我在心里，默念，好的，我一定去。没想到，一年以后，我真的做到了。

平复了心情，我走出院子，父母正在把晾晒好的小麦装到袋子里。我走过去，父亲好像感觉到了异样。

父亲说：怎么样，查分了是吗？打通了吗？

我：打通了。

父亲说：考了多少，能上复旦吗？

我：清华大学驻山东省招生办给我打电话了，问我愿意不愿意去清华读书。

父亲竟然一下子愣住了。

隔了几分钟说：你咋说的？

我：当然说愿意啊，要说不愿意吗？

父亲：愿意，愿意，当然要说愿意。

那一刻空气凝固了，父母竟然一时间不知所措，清华大学啊，这在他们心里是何等神圣的存在。奶奶腿脚不好，坐在一边休息，他们告诉奶奶，说刘杰考上清华大学了，奶奶只是很简单地高兴了一下，说，哦哦，考上大学了啊，好啊好啊，她似乎对清华大学不是很熟悉，只是觉得考上大学了。

消息不胫而走。

整个村子沸腾了，周围的几个村子也沸腾了，更多的村子跟着沸腾了，全县沸腾了。

"热烈祝贺我校学子刘杰考入清华大学。"

村里的亲戚最初不知道,在县城里买菜看到了这个标语,回来问,他们说的刘杰,是不是咱家的刘杰,我说是,就是我。

几天后,学校召集大家前去学校填报志愿,有些一直以来考年级前几名的"学霸"没有发挥好,跟平时相差了几十分,好在我的几个好朋友都发挥得不错。我们围成一个小圈子,互相帮助填报志愿,其实主要是帮助他们填报志愿,我的志愿很简单,收到电话的时候,我就想好了,清华大学物理系。要么说什么是好朋友呢,当你郁郁不得志的时候能够鼓励你、陪伴你,当你志得意满的时候,能够不嫉妒,发自内心地为你高兴,这才是真正的好朋友。

我们这个小圈子填报完志愿,就早早地离开了学校。我的存在让我们这个小圈子太扎眼了,走到哪里都有人指指点点,说,大家快看,那就是那个刘杰!快来看啊!

我们出去找了一家小饭馆,点了几个菜,要了几瓶啤酒,一起畅想未来,有的要去北京,有的要去上海,很快我们就要分道扬镳了,我的朋友们啊!

后来学校举行了非常隆重的庆祝仪式,布置了很大的一个讲台,很多的学生、家长聚集在一起,足足有几千人,成绩优异的几个同学被邀请上台发言,我当然要感谢我的母校,感谢我的老师,更要感谢含辛茹苦的父母。得到了一笔奖学金,数额不小,18岁以前我从来没见过这么多。还得到了一部奖励的手机。回到家,父母说他们其实也去了,就在台下看着我讲话,儿子太帅了。我把奖学金给了父亲,家里盖房子要用,我把手机送给了母亲,她去县城里打工可以带着,她说没想到我一直想要但没舍得买的手机,是我儿子送给我的,我太高兴了。

　　家里开始修葺房子，本身没几年也快要塌了，一天之内，就夷为了平地，父亲还是累倒了。他身体不好，但是逞能要强，我也是一样的性格，每天我都在这小小的工地上跟着干活，过往的村民时不时过来祝贺一下，说看人家刘杰，从小就明事理，又懂事，人家考上清华了，习惯了这样的赞扬，后来再遇到的时候也就没那么开心了，以至于后来经常有人问你怎么考上清华的，我都不知道如何回答了，要是几句话就能解决怎么考上名校的问题，大概人人都能考上了。

　　很多人没有实现名校的目标，原因之一是觉得事情都是简单的，不需要长期的付出和坚持。

　　有一个延迟满足实验，完美地解释了这个道理。

　　延迟满足实验是发展心理学研究中的经典实验，这个实验用于分析孩子承受延迟满足的能力，所谓的延迟满足，就是能够等待自己需要的东西的到来，而不是想到什么就要什么，这是一个很通俗的解释。

　　"迟延满足"的实验过程大致如下：

　　实验者发给四岁被试儿童每人一颗好吃的软糖，同时告诉孩子们：如果马上吃，只能吃一颗；如果等20分钟后再吃，就给吃两颗。有的孩子急不可待，把糖马上吃掉了；而另一些孩子则耐住性子、闭上眼睛或头枕双臂做睡觉状，也有的孩子用自言自语或唱歌来转移注意消磨时光以克制自己的欲望，从而获得了更丰厚的报酬。在美味的奶糖面前，任何孩子都将经受考验。

　　研究人员在十几年以后再考察当年那些孩子现在的表现，研究发现，那些能够为获得更多的软糖而等待得更久的孩子要比那些缺乏耐心的孩子更容易获得成功，他们的学习成绩要相对好一些。在后来的几十年的跟踪观察中，发现有耐心的孩子在事业上的表现也较为出色。也就是说延迟满足能力越强，更容易取得成功。

从发展心理学的角度来看，三岁看大，十岁看老。幼儿时期就可表现出一定的能力。

在这期间，村里举行了盛大的庆祝活动，在我的印象里，只有村里娶媳妇才会有这么大规模的庆祝，不知道父亲从哪里弄来了8个礼炮，锣鼓齐鸣，炮声震天，他说，这样才能表达他激动的心情，在这期间，我们聊过很多次，毕竟整个高中三年是住校的，没有时间和父母交流，我不知道这三年他们是多么的辛苦，他们也不知道这三年我是多么的孤独无助，仿佛在漆黑的夜里，自己一个人向前走，只有自己不断地鼓励自己。

房子盖好了，我也该去清华报到了。

清华的报到时间是8月16日，而外地考生至少需要8月15日到达北京。没出过远门，没坐过火车，以后我在北京，他们在山东，也不方便联系，母亲带了600元钱，去县城里帮我买了一款手机，那是我从小到大最贵的礼物，比我所有的衣服鞋子加起来都贵。我找了个手机链，拴到衣服上，现在想想这个场景，我都觉得自己好傻。可是在那个时候，如此贵重的东西，是绝对不可以丢失的。原定的是父母一起去送我，可是父亲说，他不去了。

当初也不知道为什么，多年以后，我心爱的人要踏上远行的火车离开我时，我才知道，这一点上，我跟父亲是一样的，见不得离别的场面。我也想起了爷爷去世的时候，我也见不得离别的场面，最难过的时候，反而无泪可落。以至于到今天，我都无法面对很多离别的场景。

出于担心，舅舅陪同母亲前往北京送我上学，买了最便宜的硬座，晚上11点发车，第二天上午才到达北京。整个晚上就凑合着坐着眯一会儿，可以说是一夜无眠，到达北京时，我心里想，我又回来了，只不过这次，我要留下来了。8月16日早上抵达北京，从北京站出来，这里承载了太多的记忆，大学的前几年，为了省钱，每次回家都是在北京站坐"绿皮"火车。北京站是个神奇的存在，无数的"北漂"，在家乡的火车站进入火车，到达北京出来的第一眼看到的北京就是北京站。

上午到了学校，迅速办完了入学报到手续，办完报名手续后，一个老头，后面跟着几个摄像机，过来说，"这么快就办完了啊！我说是啊，全办好了"，老头对着摄像机说，"看看，咱们物理系的孩子办事就是利索啊"。开学典礼上，那个老头在主席台致欢迎词时，我才知道那是当时清华大学校长顾秉林老师，一下子惊呆了，堂堂清华大

◀ 第一次来北京的北京站

学的校长，生活里竟像个邻家朴素的和蔼的老人，没有一点点架子。

办完手续到了清华宿舍，那是大学期间我见过的最好的学生宿舍了，六层欧式建筑，每个房间四个人，有独立的阳台、客厅，楼道内有独立浴室，起码在18岁以前，那是我住过的最好的房子了。跟我们的辅导员见了面，舅舅和母亲很放心，下午我们去了天安门广场，那是舅舅第一次来北京，也是母亲第一次来北京，站在首都的天安门广场上，内心的崇敬油然而生，转了一圈，找了广场的摄影拍了照片，他们告诉我，晚上就坐车回去了，票已经买好了，北京的住宿太贵了，不在这里待了。内心忽然特别的难过，好不容易来一次北京，当天就要回去了，临走前把1000元交给我，说北京消费高，别不舍得花，不够了给家里打电话，就这样，他们又坐了一晚上的硬座回到了那个我生活了18年的小村庄，此时，我的内心全是愧疚。

整个高中三年的学习生涯里，我只有两件事情可以做。一是疯狂地锻炼身体；二是疯狂地读书。一个强健体魄；另一个滋养灵魂。这两件事情直接影响了我后面的整个人生。高中三年，强劲的目标性和计划性，让我成为一个高度自律的人，以至于毕业多年以后，经常有同事问我，不用天天上学了，为何还保持每天早上6点起床，晚上11点休息的习惯，我说，因为习惯了。养成一个习惯非常的困难，尤其是让自己克服懒惰的习惯，而改掉一个习惯同样很艰难。经常有朋友说，都已经工作了，不需要早上起那么早了，周末完全可以睡个懒觉，吃顿美食，到处玩一玩。从这个角度来看，我的生活是索然无味的。但是于我而言，并没有觉得无趣。我每天的生活，除了工作之外，大部分的时间，除了读书就是锻炼，只不过锻炼的花样更多一些，在大学期间，学会了跳水，掌握了游泳的所有泳姿，还学习了花样滑冰，因为一直崇拜爱因斯坦，于是爱屋及乌的，我也自学了德语。在掌握了一个又一个新的技能之后，我更加坚定地认为，这两件事情，有意义。有的人喜欢狂欢，也有的人喜欢独处，显然我属于后者。面对学习或者工作中的压力，有的人喜欢倾诉、喜欢告诉别人，通过这种方式减轻内心的压力，而有的人喜欢一个人静静地待着，去思考、去进步、去寻求改进的措施和办法，在一个人安静的独处时，你的内心充满了力量。相比于找朋友倾诉，我更喜欢一个人散步，感受阳光、感受空气，仿佛自然界的一切都在为我加油。

  我喜欢坐上火车去远行，选择一个靠窗边的位置，世间的繁华与落寞，真实地呈现在眼前。经历了整个高中艰苦卓绝的努力，我终于认识到，如果你曾孤独地走过夜路，将不再惧怕任何黑暗。

第五章

神秘的清华园

1.初识清华,初心始成

他们坐上了回家的火车,晚上我一个人走出了宿舍。

这是属于我一个人的自由的夜晚,我梦想中的清华园,我终于来跟你相会了!

就在校园里漫无目的地走着,感受着似曾相识的这一切,几十分钟后,天色已晚,我也该回宿舍了,这个时候才发现,我迷路了。都说清华校园大,竟然不知道如此之大,后来了解多了才知道,在清华,你是需要拥有一辆自行车的,因为校园实在是太大了,从宿舍去教学楼上课你需要骑车,从教学楼去餐厅吃饭,你需要骑车,清华有多大,清华校园总占地面积400余公顷,学生操场就有3个,学生餐厅14个,怪不得迷路呢。说到清华的餐厅,印象深刻,这里的同学来自五湖四海,各种饮食习惯都有,为了照顾所有人,特意准备了14个学生餐厅,山东人爱吃馒头,有专门的馒头窗口,西北人爱吃面,有专门的刀削面窗口,安排得非常周到。

好在校园里比较方便,我还是习惯于自己解决问题,找到一个路边的小卖店,买了一张校园地图,找到自己所处的位置,按照地图的标识,我终于回到了宿舍。舍友也是来自五湖四海,一个宿舍四个人,每个人都来自不同的省份,这倒也是正常,2006年的清华录取人数是3300人,平均到每个省份里,一个省来清华读书的也不过是100人左右,再分散到三十几个专业里,每个专业里也就聚集了五湖四海的兄弟姐妹。起初我不敢开口,因为不会说普通话,身处这个环境的时候忽然发现,其实大家都不会。开班会的时候,大一上半年是最好玩的,每个人都是一口浓重的地方口音。半年以后,大家基本都是普通话交流了。

清华的学习相对自由,在选择学习的科目和时间安排上,学校给了很多的选择,我优先选了我最不擅长的,课程名字叫"英语高级口语"我要克服自己发音不标准的问题,教我们这个课程的老师是个老外,这也是我生平第一次见到老外,第一节课下课的时候他把我们分了小组,两人一组,布置大家每人做一个10分钟的PPT来展示自己的口语,我们都很认真地记录课堂作业。

下课回到宿舍时,我忽然意识到了一个很严重的问题,我不知道什么是PPT。

高中的时候有计算机课,由于资源有限,整个高中三年能进去接触计算机的时间不过一两次,只会搜索、开机、关机、双击打开,其余的一概不会。

在清华的前三年里,很多时候我是自卑的,虽然考到了清华,但是不会的东西太多太多了,在这样高手云集的环境里,一周的时间就可以让你所有的天生骄傲荡然无存,你会变得无比谦虚,也会变得无比努力,这可能是名校带给人的一个非常大的变化。我也终于理解了,当初来清华参观学习的时候,为什么在每个人身上都看不到骄傲,而是谦虚和笃定。

大一的时候,学校不允许自己购买笔记本电脑,担心大一学业压力大,自己拥有电脑后,沉溺于电脑游戏和QQ聊天,耽误了学业,其实我觉得学校这一条规定是多余的。首先,即使没有规定不允许买电脑，我也不会买，那时候电脑很贵，差不多的还要七八千元，买不起；其次，即使拥有了电脑，我也不会用；最后，即使会用，我也不会玩游戏，因为不知道电脑游戏是个什么东西，唯一玩过的游戏就是电子词典的五子棋，还被我通关了。

好在大学里提供计算机室，学生可以凭借学生卡，每小时1元去使用，我骑车来到了计算机室，打开电脑，首先搜索"什么是PPT"，看完以后，再搜索"PPT怎么做""怎样插入文字""什么是保存到U盘""什么是U盘""没有U盘怎么办""什么是邮箱""每个人都可以拥有邮箱吗"等。中午没有吃饭，整整花了一天的时间，终于知道了什么是PPT，也做了一个十几页非常朴素的PPT，当很好地解决了一件棘手的事情的时候，内心无比骄傲。

作业写完的时候，我喜欢骑着自行车在校园里闲逛，当然了，为了省钱，我买了一辆毕业生的二手自行车，我要逛遍清华的每一个角落，借了一部相机，拍下清华的美景，照片洗出来，写信寄给父母，让他们看看，清华是这样子的，我也希望有一天我能带他们来北京看一看，来清华看一看，而不用担心住宿费太贵，连夜回老家。

清华大学里有很多资源提供给学生，因而在求学的过程中可以学到课本之外的很多技能，跳水馆、游泳馆、篮球馆、足球场都是向学生开放的。我选择了一门很有意思的课程，跳水课。

我和关系好的同学一起选择了这门课程，早上前两节课是跳水课，后两节是微积分课程，最初的跳水课要求很低，只要闭上眼睛，站在水池边，跳进五米水深的游泳池，能够学会简单的压水花就好了，随着训练难度的增加，后来我同学坚持不下去了，我问他为什么没有坚持，他告诉我，游泳池的水太难喝了，他不会换气。

清华大学是非常重视体育锻炼的。

清华大学建校之初,学生毕业后需赴美留学。为了能够适应全新的竞争环境,学生必须加强锻炼、强健体魄。1912年周诒春出任清华副校长,确立了"德智体三育并重"的方针,把增进学生健康、增强学生体质放在重要地位,使清华成为中国最早设立正规西式体育的学校之一。

1957年11月29日,时任清华大学校长的蒋南翔,面对已经76岁高龄但却依然面红身健的马约翰时表示:"我们每个同学要争取毕业后工作五十年。"1964年1月,在庆祝马老服务清华五十年的大会上,蒋南翔又一次表示:"把身体锻炼好,以便像马约翰先生看齐,同马约翰先生竞争,争取至少为祖国健康地工作五十年。"从此,这句脍炙人口的号召成为清华大学博大精深的文化理念中重视体育、崇尚体育的一个标志,更成为一项很有影响的办学特色。

所以清华大学操场上有一句标语"无体育,不清华",在清华大

◀ 清华大学东大操场

学，体育课程的地位跟微积分是一样的，都是必修课，可见对于体育的重视。每年冬天，男生要考3000米长跑，于我而言，非常的轻松，得益于高中的体育锻炼，每年冬天考长跑的时候，我都是体育班的第一名，都是满分。野蛮体魄，文明精神，这句话在清华体现得淋漓尽致，至今清华还有一个传统，每周的周四下午是没有课的，这个时间是所有同学自由自在从事体育锻炼的时间，清华大学的三个操场，每天早上、中午、晚上，几乎每个时段都能看到跑步锻炼的人，可以说锻炼身体已经融入了整个生活里面了。以至于今天，我还保持着每天高强度的工作，全都得益于对于锻炼的重视。

▲ 清华大学日晷 刻有"行胜于言"校训

▲ 清华大学毕业时

▲ 高三时参观清华园

清华的老师普遍和蔼，越是能力大的人越是低调谦虚，在校园里走一走，没有任何一丝浮躁的气氛，每个人看上去都很朴素、很平凡，带一个热水杯，几本书，教室里一待就是大半天，我喜欢这样的安静，喜欢这样的务实。

清华大学二校门后面有一个日晷，古代的计时工具，上面雕刻着"行胜于言"。我经常拿这句话勉励自己，要做低调的清华人，谦虚的清华人，永远努力、永远谦卑的清华人。

《周易》曰：天行健，君子以自强不息；地势坤，君子以厚德载物。上句"天行健，君子以自强不息"流传更广。两句意谓：天（即自然）的运动刚强劲健，相应于此，君子处世，应像天一样，自我力求进步。刚毅坚卓，发奋图强，永不停息；大地的气势厚实和顺，君子应增厚美德，容载万物。清华大学的校训即为："自强不息，厚德

▲ 清华大学体育馆

载物。"乃是引用此处。

凡是在清华园里学习过的同学,都会把这句话记在心里,一是要自强不息;二是要厚德载物。在生活的点点滴滴里,辅导员也是这样去感染我们的。

毕竟从农村走来,很多东西不懂也或者是不注意。比如生活中的很多小细节,都是辅导员老师一点一点教的,比如进门前要先敲门,得到允许后再进入;比如接电话的时候,要说您好,请问您找哪一位。这些细节问题,我们在农村生活是注意不到的,农村通信,基本靠吼,大嗓门习惯了,在宿舍生活里,再这样,可就是没素质的表现了。

在生活经历里遇到的人,都是我的贵人,有人教会我知识,有人教会我做人,有人教会我善良,有人教会我奋斗,感谢生命中遇到的所有。

2.快乐读书,暑假支教

从小对于读书的热爱,一直延续到了大学。

大学期间,相对来说可以支配的自由时间很多,每天大概有半天是需要去上课的,其余的半天可以读自己喜欢的书,做一些自己喜欢的研究。那个时期,特别爱读张爱玲,爱读三毛,只是高中没有机会接触到最完整的这些书籍。

没课的时候,我会带上水杯,轻松自在地来到清华大学图书馆,找一个安静的角落坐下，借来想读的书，彻底沉浸在读书的乐趣里，忘记了时间的流逝，忘记了所有。跟随着主人公的喜怒哀乐，我似乎拥有了作者所经历的人生。

这是一段快乐的时光，日子安静，没有压力，生活美好得没有一丝波澜。

多年以后，每每回想起来，那依旧是最值得回忆的一段时光，没有考研的压力，没有工作的压力，父母身体安好，能够安心地读书。

一年的时间里，几乎读遍了张爱玲和三毛的所有作品，后来又去读一些其他作者的书，思维也变得越来越开阔，对于生活的思考也越来越多。

每次去图书馆，最后排的地方总有一位女同学静静地看书，来得比我早，走得比我晚。齐耳短发，浅蓝色的毛衣，自己带着面包，中午的时候，一边看书一边吃面包，整个一天就待在那里，不知道为什么，我被这种安静的力量吸引，内心世界丰富的人，总是让我很敬佩。

不知道为什么，每次我到图书馆的时候，只要看到她在，就会很心安。偶尔不在的时候，就慌了神，想是不是生病了，出了什么事情，担心的一上午，心神不宁。后来终于鼓足了勇气走过去问了她的名字，小林。

这个名字整整陪伴了我未来十年的时光，甚至未来几十年都有小林的陪伴了。

我们一起上课、一起读书、一起写读书摘记，常常为了很多学术问题争论不休。

每年暑假的时候，清华大学都有一个活动，清华大学中美大学生联合支教，暑假没有着急回家，分别在大学第一年和第二年的暑假参加了这个活动，第一年是清华大学中美大学生联合支教内蒙古翁牛特队，第二年是清华大学中美大学生联合支教云南盐津队。由于年龄尚小，组织能力不强，只是让我做了副队长。

副队长的主要职务是日常生活衣食住行的安排，队长的主要职务是监督副队长的工作。去内蒙古支教之前，由于生活经验不足，不知道网上订票，我会坐一个小时的地铁，来到北京的火车站，排三个小时的队，给全队人员买车票，种种困难，一一克服，生活不就是这样嘛，每一天都会遇到每一天的问题，而解决了，过去了，就会内化为能力，成了你未来成长很重要的本领。

▲ 2007年暑假于内蒙古翁牛特教师国家级贫困县教师培训基地

这两次支教都是到国家级贫困县，对我的影响很大，以至于多年以后，有人问我为什么选择当老师，我觉得这两次支教带来的感触起到了非常大的作用。我们去的地方非常贫穷，家庭条件差的，早早地就不上学了，家庭条件好一点的，勉强把孩子送来学校，也是因为各种留守儿童的问题，孩子们普遍叛逆，很多孩子对于未来没有规划，也并没有想通过努力，改变现有的状况，走出去看一看。

▲ 2008年暑假于云南省昭通市盐津县盐津一中

每年暑假的支教，比给他们带去具体知识更有价值的，莫过于给他们带去了生活的希望和对于未来的憧憬。对于很多贫困地区的孩子来说，有限的时间内，带去梦想、带去动力、带去希望，比带去具体的知识，对他们的帮助更大。

3.爱上教学，潜心从教

大一、大二暑假的支教，对那个时期的我影响很大，我爱上了教学。

通过你的语言、你的经历、你的阐述，去传道授业解惑，去激发别人内心的动力，这种感觉，成就感十足。

大三的暑假前，我去培训学校面试，一面的时候，面试老师说，你要面试什么科目，我说面试语文，于是洋洋洒洒地讲了一通作文构思技巧，畅汗淋漓，激情满满。二面的时候，面试老师说，开始你的讲课吧，我讲了半小时的高考数学答题方法。三面的时候，我讲了半小时的高考化学。其实后来才知道，一面、二面、三面，应该讲同一个科目，逐渐地展示自己在确定科目的不同的才华，初生牛犊不怕虎，无知者无畏，就这样，我是唯一一个三次面试分别讲了不同科目的应聘者，也给面试老师留下了深刻印象，当然面试官也把这个情况反映到了上级领导那里。

三面都通过了，迎来了终极面试。

终极面试的时候，大领导来了，显然面试官把我的情况告诉了大领导。大领导说，你这次面试什么科目呢，我说面试高考物理吧，面试要求是，每个人抽取一道高考试题，30分钟准备时间，然后上台讲授，我说，领导，不用了，我不需要准备，抽出题目可以一边讲一边出答案。领导从座位上坐直了一些，他可能没见过这样的面试者。我在他们准备的题库里随机抽取了一道高考试题,拿到手,5秒钟扫了一眼,直接开始洋洋洒洒地讲授,一气呵成,浑然天成,似乎准备了很久一样。

大领导非常满意地点头,问我为什么面试那么多科目。

我说,领导,我热爱教学,但不拘泥于必须讲哪些科目,公司目前哪个科目能有机会让我讲,我就讲哪个科目。还是大领导富有远见,说,你还是讲你的专业吧,讲高考物理,教学这件事情,台上一分钟,台下十年功,是需要深厚的积淀的。

我非常珍惜每一次机会,无论得来的是否艰难。

2009年的暑假,我登上了试讲的讲台,台下坐的都是比我小三岁的学生而已,六十几人的一个班,我看起来跟他们差不多,以至于进教室的时候,班主任老师问我,你的试听卡出示一下,我说我是来讲课的老师,大家哈哈笑了起来。北京的高中生有个特点,待人和善、性格开朗,大家既是师生也是朋友,交流起来毫无障碍,大大咧咧

▲ 2010年任教期间的海报

的，对新老师给予了足够的耐心和宽容。

试讲通过以后，我终于开始了正式的讲课生涯，多年来流传的铁人传说，从这里开始了。

我上午会讲三个小时课程，中午坐公交车去另外一个校区再讲三个小时课程，下午下课后，公司的班车准时在楼下接我，驱车接近两小时去郊区校区做演讲，晚上22点下课后，再把我送回公司总部，然后我骑自行车回学校休息，到学校的时候，大概凌晨1点了，简单洗漱后，第二天早上7点钟准时起床，继续讲课。暑假一共是60天，这样的生活我持续了60天，瘦了10多斤。原本在大学期间，有些用脑过度，物理系的课程过于烧脑，外加有些营养不良，接近一米八的身高，却只有120斤的体重，一个暑假过后，只剩105斤了。

暑假结束的时候，人变得瘦弱不堪，但是讲课技能却是突飞猛进。

我想到了读过的"一万小时定律"，距离这个训练强度我还差得很远，我相信通过不断地努力和付出能达到这样的标准时，可能我的授课技能会更加炉火纯青了。

"一万小时定律"是作家格拉德威尔在《异类》一书中指出的定律。"人们眼中的天才之所以卓越非凡，并非天资超人一等，而是付出了持续不断的努力。一万小时的锤炼是任何人从平凡变成世界级大师的必要条件。他将此称为"一万小时定律"。

暑假结束以后，领到了人生的第一份工资，我把大部分转给了母亲，留下一部分生活费用，自此我再也不需要家里为我负担学费和生活费了。回到学校，我邀请大学的班长吃饭，他对我帮助很大，班里一共三十几个人，有几个人是从贫困地区考来的，生活非常拮据，每逢组织活动的时候，班长都考虑到了这一点，都会有些特殊的安排，既照顾了我们的面子，又照顾了我们的实力，一直想请班长吃饭，只是一直没有这个实力。如今条件好转了，我也介绍班长去讲课，勤工俭学，周一到周五的时候在学校读圣贤书，周末的时候出去讲课，提前接触下社会，尤其像我这种小地方来的，更加需要多去与人接触与人交往，通过这样，去认识这个世界。

我俩来到清华东门的火锅店，这是我从小到大第一次吃火锅，或许也是从小到大，第一次用自己的劳动换来的一顿饱餐。

小时候吃过的和火锅最类似的东西，就是冬天的时候，一家人围着火炉，支上一口锅，里面放上白菜、豆腐、面条，咕嘟咕嘟地煮着，寒冬腊月里，玻璃上一层窗花，外面的世界看不清，一家人围坐在火炉旁，看着锅里咕嘟咕嘟的热气，一人一个碗，大口大口地吃着热乎乎的饭，生活虽然简单，但足够幸福。

公司的人们都说我是铁人，他们从来没见过一个人，可以从早

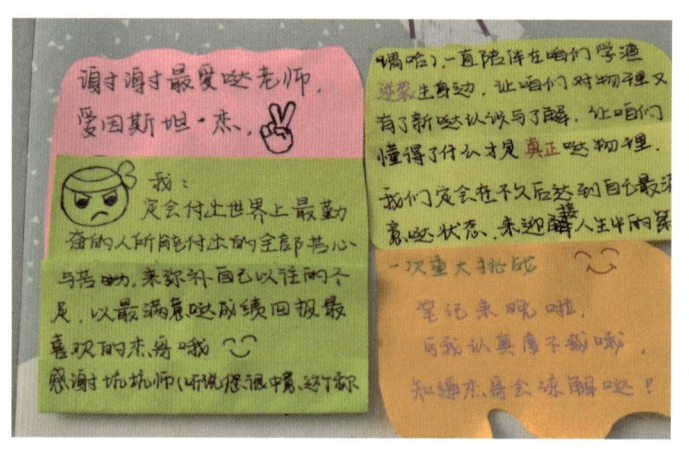

◀ 学生的反馈

到晚，保持每分钟的激情讲课，而且能坚持60天，是什么样的耐心和毅力，又是怎样的梦想与动力，让一个人可以如此的执着、如此的自律。

其实，答案很简单，热爱教学加上生活的无奈。

公司的大领导建哥对我的帮助很大，他也是清华毕业，在他身上，我看到了大学辅导员的影子，生活里的一言一行，都让人如沐春风，感触良多。有一次建哥请我们吃饭，每人给了一瓶水，饭后大家起身回公司，建哥淡淡地说，大家以后要记住，不能浪费，瓶里的水如果没有喝完，一定要随身带着，把它喝完。这件事情我一直记着，以至于后来我在各个校区讲课时，因为这个细节，很多年龄大的班主任老师都对我印象很好。繁忙的寒暑假，授课老师都要到各个校区奔波，而每个校区讲台上都有最新的瓶装水，有的老师不注意，每到一个校区打开一瓶水，喝了几口就丢下不管了，这让很多校区的班主任非常苦恼。而我每次都会把没喝完的水装在书包里，喝完再打开新的。

繁忙的学习加工作，日复一日。

要去做一件事情，我就要拼尽全力做到最好。有几次深夜十几点，公司下班后我骑车回学校，刚到学校门口，建哥打电话来，说在哪呢，我在总部五楼，咱们教研组一起商量下教学计划，我都会告诉建哥，还没走呢，您稍等我这就到。然后飞速骑着自行车，赶回公司，好在公司总部在中关村，而清华大学西门跟中关村在一条街上，飞速骑过去的话，15分钟就能到。因为对这项工作的热爱，我成了公司全集团打分最高的老师，最受欢迎的老师，在上万人的评选中，也如愿得了优秀新教师奖。

因为热爱，所以专注，因为专注，所以专业，因为专业，所以优秀。

时间在哪里，成就就在哪里。

▲ 各地讲座的海报

这些年走南闯北，各地做巡回讲座，辽宁沈阳、内蒙古赤峰、河北唐山、河南洛阳、山东青岛、淄博、潍坊、济南、泰安、济宁、高密、陕西西安、陕西渭南、山西晋城、山西太原、浙江杭州、四川、重庆、云南昆明、海南海口等很多地区的学校都去做过演讲，而在这其中，记忆最深的讲座有两次。第一次是去陕西渭南，第二次是回老家。

接到陕西渭南的讲座任务，凌晨1点钟的飞机从北京首都国际机场起飞，赶到机场的时候，飞机延误，我与同行的同事迅速改签了稍晚一点的一班飞机，到达西安时已经是上午了，当地学校的老师已

▲ 山东省进校讲座

经在机场等候,正好赶上西安大雨,驱车三个小时才到渭南,到达渭南澄城中学时,距离讲座还有20分钟,我们用了15分钟在澄城中学的门口街边小店吃了一碗羊肉泡馍,然后开始了长达四个小时的讲座,两个小时与当地老师分享教学经验,两个小时面对全校高三学生讲座。简单的晚饭后,为了赶飞机,抓紧驱车三个小时送我们到了西安咸阳国际机场,等到飞机起飞。登机前,教学任务完成,终于轻松了。我与同事在西安咸阳机场一人一瓶啤酒,畅谈人生,正值大雨,航班延误,到达北京的时候正好也是凌晨1点钟。

之所以对这次出行印象深刻,是因为这次时间很特殊,凌晨1点到第二天的凌晨1点,正好24小时,一直在路上奔波,没有休息。那个时候年轻,身体好,能扛得住如此高强度的工作。

印象较深的第二次讲座是在山东老家。受邀前往母校演讲,正值冬日。学校条件一般,没有足够大的会议室容纳全校高三学生,只好在操场进行。偌大的操场，坐满了几千高三的学生，我也穿着大羽绒服在讲台上演讲，北方的冬天，天气寒冷，狂风肆虐，丝毫没有减少我们的热情。我如实地把我的高考经验分享给学弟学妹们，技术上给予他们科学的学习方法，心态上给予他们奋斗的勇气。

▲ 陕西省进校讲座

每次演讲完毕的时候，我也喜欢说这样的一句话，鼓舞大家。

我在美丽的清华园，恭候各位！

或许在山东老家，近万名考生才有一位可以考上清华、北大，这句话对于绝大部分人来说，都不会成为现实。可是，当所有人听到一个清华学子对自己说的时候，内心涌现出来的动力和对未来的憧憬是可贵的，是值得记忆的。原本考不上大学的同学，听完以后，获得了动力和希望，通过后期的发奋努力，考上了大学，这改变的或许是一个家庭的命运。而原本只能考上二本的同学，受到鼓舞，踏实努力，专心学习，可能考上了一本，获得了更广阔的发展机会。终其一生，每个人要不断地超越自我、完善自我，其成就感与自我认同感，由此而来。

▲ 母校演讲

经常有人问我，你都考上清华了，怎么最后做了老师。这是我工作以后被问及最多的问题，这个问题出现的频率，大概相当于高考出分以后，经常被问到，你怎么考上清华的。这两个问题都难以回答，一个人的成长过程会有很多的不确定性，很少有人能够知道自己五年后会做什么，只要我们朝着正确的方向努力就好了。

说到为什么考上清华最后做了老师，其实很多清华、北大毕业的学生都从事了教育行业，只要我们从事着造福社会、帮助他人的工作，就是非常骄傲的。并不一定说，考上了清华、北大，未来一定要做科学家，大学时期的同学毕业后，大家纷纷找到了自己人生的方向，有的同学做了记者，有的同学做了律师，有的同学做了教师，有的同学去了核电站。其实很多时候，大学学的最重要的是解决问题的能力和个人见识的成长，以及正确"三观"的确立，而不仅仅是具体的一些知识。有的同学后来做了记者，其实是大学四年学物理专业课程之外,还额外学了第二学位,考取了新闻专业并顺利学完了所有的课程获得了学位,有的同学后来做了视频剪辑工作,是因为在大学期间,班级组织活动时,他非常喜欢帮助大家拍摄DV,并自学后期处理,不仅成了自己的爱好,更成了自己的工作。

　　传道、授业、解惑,这个工作让我每天生活在无穷的动力之中。当我收到学生的感谢并得知学生听课后有诸多的改变时,更加坚定了我从事这份职业的信心。能把希望带给更多的孩子、更多的家庭,能改变更多孩子的命运,在我看来,是一件功德无量的事情,值得付出毕生的精力。我经常义务地去很多学校演讲,几个小时的时间,传递知识、给学生带来的改变是有限的。我把自己的成长经历分享给更多的孩子,他们能从中看到自己的影子,受到鼓舞以后,努力开始改变自己,这就是最好的开始。

第六章

毕业后，开启教师职业生涯

时光飞逝，岁月如斯。

大三，是所有人要做一个重大决定的时间节点。

未来是读研，读博，工作，还是出国。

1.站在校门口的十字路口

在一个相对清闲的午后，我坐在学校的图书馆里，一切都安静下来。

从小到大，很少有人帮我去做决定、做选择。确实，我考入了周围认识的人里能考入的最好的学校，没有人能给我长远的建议。每逢面临选择，我都会安静的一个人待着，去分析、去演绎，综合所有的因素做决定，自己做的决定，无怨无悔。

显然，对于热爱学习，从小充满好奇心的我来说，读研、读博是最佳的选择，我可以在象牙塔里安心地读书、学习，甚至做研究，可是，这样的生活对我来说是奢侈的。眼看着父母的身体日益衰老，家庭日益破败，他们已经没有足够的体力去打工挣钱。

多享受三年或者六年的时光，于我而言是幸福的，于他们而言是残忍的。

出国这个选项，根本没有出现在我的选择里，出国的费用比读研、读博还要多，除非申请到全额的奖学金，而现实情况是，以我当时的情况，很难申请下来，毕竟相对于多才多艺的同学来说，我差了一大截，没有什么才艺，普通话也有些蹩脚。

还是工作最适合我，一是能缓解家庭的负担；二是毕竟我对于教学工作非常的热爱，几年以后，说不定我还可以继续回校园读书。大四毕业以后，学校来了收废品的，我把自行车留下了，大学期间的被褥都卖了，因为我要有个新的开始了。

办完毕业手续后，一个人，一辆自行车，一个行李箱，清华西门的十字路口，我站在那里不知去向何方。

天真地把被褥卖掉了，一身轻松。出了校门才发现，晚上住在哪里？

租房子显然是来不及了，我骑着自行车，拉着行李箱，找了一家小旅馆住下，100元一天，相当于我在学校20顿饭的餐费，无比心疼。第二天我抓紧租了房子，一套三居室的其中一个卧室，每月1500元的房租，正好等于一年清华住宿的费用，晚上去附近的超市，买了一套便宜的被褥，那一刻发自内心的感叹，在学校真好，身份一时没有转换过来，我就是传说中的"北漂"了。

我在北京中关村的街头，独自一人，走了很久，街边的流浪歌手在歌唱，下班的人们没有着急回家，很多人驻足倾听。北京的夜晚灯火辉煌，在悠扬的歌声里，无论是达官显贵，还是贩夫走卒，大家都沉浸其中，此刻，大家都一样，都是不回家的人。

辉煌的四年求学生涯，就这样结束了，物质上，我几乎一无所有，精神上，一直富足。

多年以后，我与父亲聊天，父亲说，物质上咱们确实没有很充足甚至可以说是匮乏的，但是在精神追求上，你是绝对的"富二代"。

2.教学生涯学生问得最多的话

常年在高中的一线教学,每年都有同学升入高三,于是每年都会被问到很多重复的问题,这是所有人的共性,杰哥把这些整理下来,以期对大家有所帮助。

● 杰哥,我以前成绩不好,现在开始努力,还来得及吗?

这是我在多年教学中,遇到最多的问题。我经常跟高三的学生说,今天是你未来的每一天里最来得及的一天。由于种种原因,很多孩子高一、高二时期没有把成绩提高上来,到了高三了,面临考大学的压力,开始想要努力,但是很多孩子没有养成正确归因的习惯,想要努

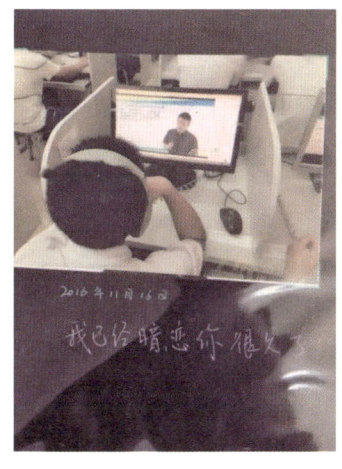 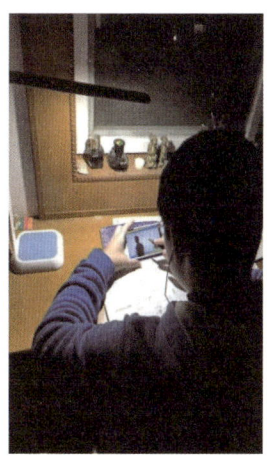

▲ 学生听课场景

力，又怕努力没有效果。

其实对于高中的孩子来说，很多时候，你需要给自己一些信心，告诉自己，我可以做到，别人可以的我也可以。这一点我感受非常深刻，在我高中的求学生涯里，在山东的小县城里，师资力量薄弱，当你能够考到接近名校分数时，已经没人能给你指导了，我们的求学方式也很简单，自己买来参考书，去做研究、去总结、去归纳、去改错，在最无助的环境里做最大的努力，正所谓，尽吾志也而不能至者，可以无悔矣，其孰能讥之乎？

求学这件事情，很多时候需要傻傻的努力，对于知识和方法是反思的，对于自己努力这件事情，一直坚定地去付出，成功不是刻意为之的事情，但一定是水到渠成的。对于高中的学习来说，该做的事情都做到位，成绩的提高是自然而然的事情。很多学生来问来不来得及，只不过想要一个肯定的答复，进一步坚定自己的信心罢了。

我曾经跟一位同学有过这样的一场对话。

学生：杰哥，我以前没学好，现在还有半年高考了，我努力还来得及吗？

我：如果杰哥告诉你，来不及了，你是不是直接放弃今年的高考了？

学生：当然不是呀，杰哥。

我：那既然不选择放弃，是不是就是选择了坚持，既然选择了坚持，为何还要犹豫呢？

学生：杰哥，我担心我的付出得不到理想的成绩。

我：因为担心回报，所以不付出努力，于是真的没有回报，这不是恶性循环吗？

学生：是的，杰哥。

我：杰哥问你一个问题，你是愿意做一个有 1000 个理由的失败者，还是没有理由的成功者？

学生：当然是成功者。

我：那你现在明白杰哥要表达的没？

学生：明白了，杰哥，静下心来去努力，肯定可以的。

我：是的，努力到无能为力，拼搏到感动自己，与你共勉！

学生：谢谢杰哥！记住了！我会好好努力的！

从这段对话，其实可以看出来，由于年龄尚小，很多孩子内心是不坚定的，需要经常有人去鼓励、去肯定、去认可。

有孩子来问我这句话的时候，我经常会告诉他，你想，今天是不是未来所有天里最来得及的一天，不努力，不落地，一定是失败，而开始醒悟得越早，成功的可能性越大。

• **杰哥，为什么我初中学得那么好，到了高中半年时间就跟不上了？**

这个问题在刚刚升入高一的孩子里比较常见，尤其是理科方面的学习。初中数理化甚至能考到满分的成绩，而到了高中，甚至有可能出现不及格的情况。

拿物理为例，初中的物理，偏向于分散的对于自然科学的初步认识，现象居多，比如杠杆问题、浮力问题、简单的电路问题、比热容问题、物体的三态变化问题，并没有复杂的规律和运算，要求学生对这一部分有初步的认识，会处理一些初级的问题即可，可以这样说，初中的物理是侧重认识和了解的，模块之间没有逻辑联系。而高中物理截然不同，侧重的是物理规律的深刻认识和把握，每个章节之间存在层层递进的逻辑关系，力学没有学懂，那么后续的电学就很难明白，高一学得不透彻，高二就会捉襟见肘。

高中物理对于逻辑思维的要求很高，我们在高中物理课本上经常见到这样的话，力是产生加速度的原因，加速度是改变运动的原因，运动的改变靠的是加速度，加速度的产生归根结底是因为力。很多同学读完以后，脑袋就懵了，这其实是高中学习要求的能力之一，梳理清楚因果联系、逻辑关系，要求正向思维和逆向思维兼具。为了帮助很多孩子明白正向思维和逆向思维，我经常举这样的一个例子。

例题一：_____，秋水共长天一色

例题二：落霞与孤鹜齐飞，_____

我们经常会遇到诗词默写的题目，如果题目里面告诉我们第二句话，让我们写出第一句话，很多同学是需要把整篇文章从头到尾背一遍，才能想起前一句话的。而如果题目告诉了第一句话，让我们写出第二句话，很多同学就会觉得非常的简单，很顺利地就可以写出来。其实这是一个很普遍的现象，没有经过逻辑训练，绝大部分人的正向思维能力是优于逆向思维能力的。在高中的学习过程中，刻意地学会归因，对于高中的学习来说，非常的重要。

另外，高中的学习跟初中还有一个很大的不同，那就是注重联系。

比如在高中的物理、化学、生物的学习过程中，非常注重对于自然科学的深刻理解和联系。

物理上我们学过一个楞次定律，叫作当闭合回路磁通量发生变化时，感应电流新产生的磁场，总是阻碍原磁通量的变化。什么意思呢，当原来的磁通量增多的时候，新产生的磁场要与之反向，来阻碍磁通量的增多，当磁通量减少的时候，新产生的磁场要与之同向，来阻碍原磁通量的减少，当磁铁靠近线圈的时候，线圈为了阻碍靠近，会彼此产生一个斥力，当磁铁远离线圈的时候，线圈为了阻碍远离，要彼此产生一个引力，叫作"增反减同，来拒去留"。

每次说到这个地方时，我经常会问同学们，大家想一想这种思维方式，这种感觉，是不是特别像化学上的勒夏特列平衡移动原理，增加反应物浓度，向生成物浓度增多的方向移动，增加温度，向吸热的方向移动。像不像生物上的负反馈，下丘脑分泌促甲状腺激素释放激素，刺激垂体分泌促甲状腺激素，然后刺激甲状腺分泌甲状腺激素，甲状腺激素抑制下丘脑的促甲状腺激素释放激素的分泌，从而实现调节。很多同学听完以后，都会恍然大悟，哇，原来是这样的，真的是这样的！就会对于数理化有更加深刻的认识和把握，所以说，高中物理的学习不只是纵向的逻辑学习，更是横向的对比学习。

再比如，很多同学升入新高一，学习物理的时候遇到一个纸带问题，叫作逐差法求解加速度，匀变速直线运动相等时间的位移的增加量相等，其实大家仔细思考一下，这不就是数学上非常常见的等差数列嘛，再多思考一下，这不就是数学家高斯从1加到100的那个运算吗？想到这个层面，又是一次豁然开朗。

- 杰哥，为什么上课能够听懂，自己做题却不会，考试却考不好？

很多同学进入高中以后遇到的最大的困惑就是这个问题，自己付出了很多时间，平时的课也都听懂了，但是做题的时候总是不会做，还有同学说自己平时做题还可以，考试的时候却是总也考不好。高中的学习是一个综合性的学习过程，很多同学错误地把听懂、会做、考好，三件事情等同了。

听懂这件事情，主要取决于老师的讲解，授课老师水平高，阐释能力强，讲课能旁征博引，能够接地气地把抽象的规律表达出来，让大家容易接受，那么这样的老师授课，大家普遍就能听懂，所以说听懂这件事情，主要取决于老师的授课能力，而不是学生的学习能力。

会做，则需要学生主动思考的参与，上课听懂以后，对于规律有了初步的认识，那么在习题训练的时候，需要正向思维逆向思维，需要逻辑演绎，需要转化归纳这些理科能力，这个时候则更多的是看重学生的主动参与意识。很多同学有畏难情绪，题目太难，不会做，于是课下只是复习下上课笔记，多次复习以后会形成错觉，以为自己对

▲ 大课讲授场景

于这一部分已经掌握得滚瓜烂熟了,其实只是笔记都记住了而已。而高中的学习,基础知识固然重要,应用能力则是更重要的要求。因为题难,所以不做;因为不做,所以不会;因为不会,所以觉得题确实很难,于是很多同学陷入了这样的恶性循环。一定有同学会说,那题目很难,我确实不会做,怎么办?先要保证自己的上课都听明白了,笔记都做了记录,因为在一节课的授课过程中,每位同学能够当堂掌握50%已经是高专注度了,在听课过程中一定会出现遗忘,这就是上课记笔记的重要性,一是增强当时的记忆;二是课下进行巩固复习。这一点做到以后,从简单题目开始练起,先学会知识的初步转化应用,然后才是逐渐增加难度进行训练,遇到实在不会的题目,可以看一下答案,对比一下答案的思路和刚才自己的思路,不同点在哪,自己在思维上出现了怎样的误区,这个思考过程是弥足珍贵的,而很多成绩不好的孩子,只是愿意被动地学习,也就是听课记笔记,不愿意主动思考,课下很少进行训练,作业都是马马虎虎完成,这样的学习方式在高中阶段,于成绩而言,是毁灭性的。

考好,是第三个阶段要达成的目标。有同学说了,我平时上课记笔记,课下做练习,错题也都改过来了,可是到了考试为什么我每次都考不好。是这样的,考试作为第三阶段的目标,成绩的好坏影响因素很多,比如考试心态、时间规划、答题顺序、临场应变、身体状况等,诸多因素最终综合性地体现在最终的答卷上。很多地区有这样的标语"平时高考化,高考平时化"。意思是说,平时训练的时候就要以高考的状态要求自己,去训练自己的综合能力,而高考的时候呢,则保持一颗平常心,从容应对。很多孩子在平时作业的完成过程中,有的孩子一边听歌一边做题,有的孩子做一半,然后去吃饭,回来再进行另外的部分，甚至有的学生一边聊天一边写作业，这些方式表面上看起来，时间都花在了学习上，但是不够专注，导致效率下降。

之前出现过一个很有意思的案例，有位同学平时的学习、训练、考试都表现不错，按照推测，高考应该可以考上很好的一本，可是高考成绩出来以后，勉强才过了二本线，大家都很疑惑，就问这位同学，是什么原因导致了发挥失常。这位同学说，平时写作业做模拟题的时候都是听着歌的，到了高考考场，没有了这个环境，总觉得别扭，特别的不适应。看似很小的一件事情，却最终影响了高考成绩。我们经常说，细节决定成败，要想考上清华、北大，你所有的学习行为都是要非常规范和科学的，一点点的懈怠，都会导致发挥失常。

学习是一个先输入，后整合，最后再输出的过程。有同学说我的成绩不好，应该做些什么样的题目，每当有同学问到这样的问题，我都能知道，这位同学的大概分数在60分以下，而且学习习惯无科学性可言。如果你的成绩不好，首先要想到的不是去做多少题目，而是不要做题。成绩不好，首先是要看自己是不是把该掌握的考点都掌握清楚了；其次是看听懂以后自己是不是进行了反思和总结，明白了规律的来龙去脉，最后一个环节才是通过训练来检验自己和继续进步。显然有些同学把学习行为弄反了，做题是检验和进一步提高的手段，而不是提分的第一手段。先学后练，先慢后快，这是学习必须尊重的最基本的逻辑。

如果按照有些同学的想法推演下去，自己成绩不好，找一本习题来做，做的过程漏洞百出，然后发现自己的很多公式不清楚，知识点记忆不牢固，思维方式很多不知道，于是100分的试题，只得了不到50的分数，其余的50多分要花大量的时间改错。但是改错后下次就进步了吗，不见得，为什么呢，因为你没有建立起完整的知识体系，这次改错的部分，下一套试卷不一定遇到，可能会遇到其余你没有掌握的部分，按照这样的逻辑，你要做多少题目，改多少的错，才能有一个相对完善的知识体系呢，几乎很难实现。但是反过来就简单了，最初我先把知识体系搭建完整，基础性的问题不会出错，公式概念都没问题，思维方式都听老师讲过，那么接下来我去做题训练时，遇到问题，改错的过程就是不断深化知识体系的过程，这样有一个完整的知识体系在，整个训练都是有章法有顺序的，这样才能事半功倍。

所以我经常说，方法不对，努力白费，方法对了，事半功倍。

- **怎样的笔记和改错本才是有效的？**

前段时间，有位同学拿了自己的笔记本和改错本找我求教。

看完以后，我给他改错本的评价是，剪纸画大全，意义不大。

这位同学的改错本是这样做的，平时训练的时候，出错的题目，剪下来，贴在改错本上，旁边把标准答案附上，就没有其他了。这说明这位同学在高中的学习过程中，并不知道科学的学习方法，很多工作还只是停留在形式上。

真正有用的笔记本和改错本应该是怎么样的呢？

说到笔记本，我们先要明确的是笔记本的意义，首先，在我们上课的过程中，记录笔记的过程是加深理解、加深印象的过程；其次，下课后，这是我们复习最重要的依据。那么笔记本应该记录哪些东西呢，首先是具体考点知识要记录；其次是非常重要的考点解读。所谓考点解读是这个知识点在历年的高考题和模拟题中曾经以怎样的方式考查过，以怎样的方式设置过陷阱，是计算类陷阱还是思维类的陷

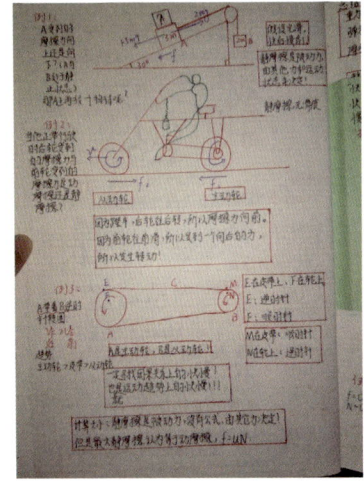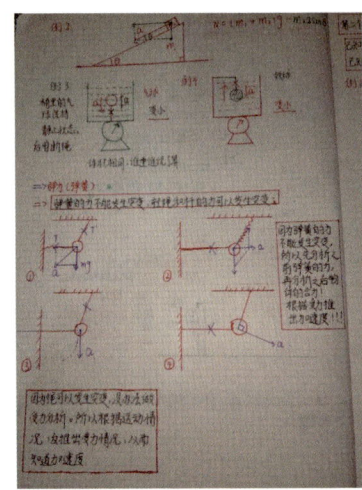

▲ 优秀笔记

阱，有了这些解读，我们才能在学习的过程中去联想到试题的考法，这是为后续的训练做铺垫。学的时候思考这个知识点怎样考，而考的时候通过逆向思维要去回想这个题的知识点在哪儿学过。

从学到考这是正向思维，而从考到学则是逆向思维。打通双向思维才是学会。

这也是很多同学只是看起来很努力但是效果不大的重要原因了。

所以笔记本的记录内容，并不是简单地把上课老师讲的内容摘抄下来，而是融入更多的思考，更多的与考试之间的联系。

改错本则比较复杂，平时训练出错的题目，先要去分类，计算类错误放在一起，思维类错误放在一起，知识点记忆类错误放在一起，分类改错是改错本的第一原则，做学习、做工作，越细化、越专业、越能解决问题。有同学总说，我学习不好，应该怎么办呢？这样的问题其实很难回答，学习不好这件事情，影响因素太多了，到底是怎么不好？笔记问题、改错问题、心态问题还是什么问题，三天三夜都可能说不完。这个其实跟不舒服去看病是一个道理，有一天你不舒服了，跑到医院，跟医生说我不舒服，怎么办？医生肯定要问你，怎么不舒服，哪里不舒服，以前有没有这种现象，一步步地追问才能知道该给你做哪些检查，开哪些药。那医生喜欢什么样的病人呢，比如，大夫您好，我嗓子有些不舒服，因为是老师，长期用嗓，之前有咽炎的历史，这次觉得有些肿痛，吃饭的时候会疼，早上有轻度的干呕现象。把这个问题表述清楚了，医生就可以很快地帮你解决问题了。而学习也是一样的道理，一定要细化，不要说我学习不好，应该怎么办，要说清楚自己的学习行为，才能有效地解决问题。那么改错本也是这样的逻辑，做题的时候出现错误了，要学会深究，到底是怎样的错误，公式没记住？数学算错了？完全没思路？不同的原因要梳理清楚。旁边要写上正确的解答过程，同时最好有自己的错因分析，要文字写下来，当初做这个题的时候跟标准答案的偏差出现在哪里，是什么样的学习习惯导致了这个偏差，最终导致了这个题目出错。

改错是非常困难的一件事情，做对的题目下次还会做对，做错的题目，如果没有一个完善的改错办法，下次遇到，大概率还是要出错的。有了试题，反思、总结以后，还不够，比如这个题目属于椭圆与直线相交时没有思路，那么这个题目改错以后，要去找出至少5~10个类似的问题来进行专项训练，都没问题了才是真正地把问题改正过来了，如果做类似的问题还是出错很多，那么就要继续归纳和改错。从这个角度来看，我们平时做题的时候，很大意义上来说，错题是最优价值的部分，100分的试题，如果考试得了80分，那么得到的80分证明了努力是有意义的，前面的学习大方向是没问题的，而这20分则是试题给我们很好的启示，在之前的学习过程中暴露出了怎样的问题，哪些知识点还需要巩固强化，哪些思维方式自己还存在问题，错题一定是学习过程中最有价值的部分，也是最需要重视的部分。杰哥当年高三的时候，从来不放过任何一个错题，我们做题是为了什么，除了检验一下自己的实力，其实不就是为了进一步的进步吗，而错题则是最直接的帮助我们进步的方式。

如果一个人能保证遇到的错误不出现第二遍，那么未来的成绩一定是最好的。

细节决定成败，如果我们不跟错题战斗到底，那么高考成绩就对我们无情地碾压。

- 如何规划学习时间？

到了高三，成绩暂时落后的同学心情是非常急切的，甚至有同学每天只休息三四个小时，其余的时间都用来学习，结果发现，也并没有得到想象中的分数。

正所谓，一张一弛，文武之道也。

成绩的提高，并不只是时间的累加，更重要的是时间和效率的统筹协调。

经常有同学问我，杰哥我现在成绩不好，每天晚上熬夜学习可不可以，至少休息多长时间呢。

这个虽然因人而异，但是按照杰哥的经验，基本的休息还是要保障的。比如每天晚上至少保证6小时的睡眠。高三的时候，我们是住宿制，基本上是每天晚上11点熄灯，早上5点准时被集合铃吵醒，然后开始疯狂的跑步锻炼。晚上不适合过度的熬夜，一般到晚上11点之后就该收拾一下休息了，如果半夜做一些数理化的题目，大脑会变得非常活跃，躺在床上的时候反而睡不着了。如果确实想多学一些，可以选择晚上11点躺在床上，闭上眼睛回忆今天老师上课讲的内容，我喜欢在深夜的时候回忆语文和英语类的内容，回忆着回忆着就睡着了。

必要的体育锻炼也是非常重要的，回想起来，杰哥之所以在高考中取得很高的分数，很大一部分原因是自己的体育锻炼从未松懈，强劲的身体素质能保证在高压之下依然可以有充沛的精力面对考试，依然可以在长达2.5小时的理综考试中，每一分钟大脑都是高度活跃和清醒的。

而每天中午的时候，至少要有半小时的休息时间，不宜过长，一般在30~45分钟是最合适的，时间过长容易导致深度睡眠，醒来的时候大脑是懵的，太短的话则起不到休息的效果。杰哥有这样的一个经验，定一个30分钟的闹钟，醒来以后不要着急起床，在床上静躺5分钟，然后起床洗漱，这种搭配是最舒服的，30分钟睡眠醒来的时候，有一种浑身充血的状态，即使是在寒冬，我也喜欢用冷水洗脸，清爽而清醒，像是经历了一场漫长的休息，恢复了体能，终于准备好了要迎接一场战斗了。

这是休息上的时间规划。

在具体的学习上，同一科目的学习时间不建议持续太久，有同学物理成绩不好，发愤图强，可能整个一下午都在学习物理，到后半程的时候看公式不像公式，看概念不像概念了。同一科目最多连续学习2小时就到极限了，平时学习都是45分钟一节课，每节课是不同的科目不同的内容，这是非常科学的安排。我一般建议学生，自由时间，每2小时换一下科目，中间要融入一些不学习的时间，适度地让大脑放空，隔2小时起身走一走，注视一下远方，给自己一个缓冲放松的时间，一味地采用疲劳战术是不可取的。

- 如何调整学习心态？

不以物喜，不以己悲，平和的心态说起来容易，其实高中的时候，失眠的同学大有人在。

当我们去建立学习目标的时候，一定要适合自己。比如现在的成绩大概是二本线，我要求自己一个月努力后必须达到清华、北大的水平，结果努力一个月后，显然没有实现这个目标，于是就会有挫败感，觉得自己的努力是没有价值的，这是很多同学会犯的错误，只不过杰哥再阐述的时候，为了让大家更深刻地明白这个问题，进行了放大而已。比如有的同学当前分数60分，目标是一个月后考90分，结果经过一个月努力，才考了70分，理性地说，应该为自己骄傲，应该肯定自己的努力，但是有同学的思维方式是，自己没有实现既定的目标，所以很自卑。当然还有另外一种情况，有同学目前分数是60分，目标是一个月后考65分，结果考了70分，欣喜如狂，其实也不可取。目标太小，太容易满足，过于骄傲也会影响后续的学习行为。

不骄不躁，稳定平和，是最佳的学习状态。

因而制定学习目标时，要学会目标拆分，可以有一个长期目标，很多个短期目标，比如高三开始时，我给自己定目标，最终要考到700分以上，最终要进入清华学习，那么为了实现这个最终目标，我每个月大概应该完成怎样的小目标，如果这个月超前完成了目标，那么后续目标要随之做一些小的调整，如果没有完成既定目标，就要反思，哪些行为还可以继续优化。

学习是一个孤独的旅程，像暗夜里的过客，需要不断地鼓励自己，仰望星空，脚踏实地，远方有目标，当前有行动。

不能因为单次的考试超常或者失常，过度地肯定自己或者否定自己。在整个高中的求学过程中，只要整体保持进步的状态就可以，不需要一定每次考试都要比上一次分数高，一城一池的得失不会影响大局。过度的解读有时候会让自己心理压力很大，有同学一次没考好，就联想到，自己高考也会这样，也会名落孙山。其实单次考试的成败与高考成败没有必然的联系，当然了如果次次失败，就一定要及时反思和改进了。

很多同学在高三的学习过程中，经常会陷入迷茫。

我曾经让一位同学做过一个实验，上晚自习时，什么都不要做，坐在座位上，利用一节课的时间，观察其他同学，有的同学在整理笔记，有的在改错，有的在做题，下课以后，我问这位同学，是不是感觉更迷茫了，内心的恐慌更多了，因为别人通过一节课的努力，又进步了45分钟，而你是看着别人进步了一节课，自己无所事事了一节课。这样差距增大了90分钟。高三不是看谁努力，所有人都在努力，

▲ 面授课上课情况

▲ 课间与学生沟通学习

而是看谁能比别人效率更高，比别人更努力。

后来我告诉这位同学，所有的迷茫，都来自不够忙。

如果你有一个详细的学习计划，马不停蹄地进行着各项学习活动，根本没有时间用来迷茫。

行动是改变迷茫最好的方法。

高三的时候，我预想到自己可能会有一些闲暇时间，提前做了预案，当我某天晚上有了2节课自由的晚自习时间时，我应该做什么。列了一个单子，我可以做一套理综题然后改错，可以整理笔记，可以研究考纲，可以做很多很多事情，这些事情我记录在自己的计划里，平时上课跟着老师的节奏进行复习，一旦有了闲暇时间，马上把我自己的计划付诸行动。这样在很多同学眼里，我是非常忙碌的，每天有很多事情可以去做，毕竟每个人距离高考700分的目标都还很遥远。

越等待越焦虑，越行动越充实。

同时，很多同学喜欢与人攀比学习成绩。

有位同学曾经告诉我，杰哥，我努力了那么长时间，才考了80分，而我同桌这次没有发挥好，都考了90分，我感觉自己好无能啊。

我告诉这位同学，生活累，一半源于生存；另一半源于攀比。

当然这位同学的心情是可以理解的，成绩的攀比本无可厚非，但有一点要认识到，每个人的情况是不一样的，高一、高二别人可能学习习惯更科学一些，付出的时间更多一些，从而奠定了更好的基础，所以成绩暂时比你领先。

我们研究整个过程中的来龙去脉，你要做的事情，是根据自己的情况，合理制定学习目标，不断地超越过去的自己，就是最好的进步，不是做最好的别人，而是做最好的自己。

第七章

前进的路上，有你，有我

1. 全力奔跑,永远进步

2014年我开始从事线上教学,最初是非常不适应的。

家里人看到我面对镜头手舞足蹈地讲课,讲到高兴的时候,还哈哈大笑,都用异样的眼光看着我。线上授课跟线下是有很大区别的,学生能看到老师,而老师却看不到学生,这是最考验教师的教学功底的,精确到一个具体题目的讲解,老师需要做到,虽然没有得到大家的反馈,但心里已经知道学生们会作出怎样的回应了,这样才能讲到学生心里去。这个功力,不是一朝一夕可以练就的,需要大量的与学生交流的时间的积累,对于学生每个时期充分的了解和认识,才能在讲解每个知识点每个习题时,清楚地知道学生的内心活动。

▶ 学生在机房通过电脑听课

经常会有人说，讲课还不简单，不就是站在台上说一说嘛，其实在教学上来看，对综合能力要求最高的是千人大课教学，实际上在千人大课教学过程中，教师是不可能关注到每个孩子的，其实教师关注的是一个大数据，讲1000人的课和20000人的课是一样的，当基数达到一定程度时，每句话每个题目的讲解，都是基于对学生的足够了解的。不需要得到每个同学的回应，心里就知道讲到每个地方时会引起怎样的反应，学生会产生怎样的疑惑。知易行难，真正站在台上的时候，就知道教师这份工作需要付出多少的汗水与艰辛了。

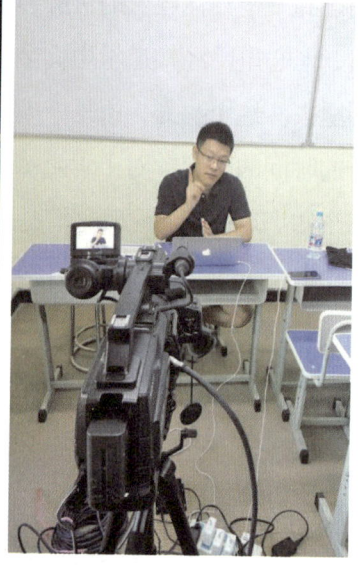

▲ 直播现场：镜头前手舞足蹈

2015年，腾讯课堂统计，有超过300万名高考考生听过我的课程。

语言能传递信息，语言也可以改变命运。

经常有朋友问我，你考上了清华，为何不去做一个科学家。我会

这样回答,我考上了清华大学,如愿做了科学家,倒是可以实现个人价值和对国家科技的贡献,但是如果我当了老师,把我多年的经验体会,通过语言传递给成千上万甚至更多的孩子,影响到甚至是改变了更多家庭的命运,是不是也是一件值得骄傲的事情。人生的路很多,做对社会有意义的事情,方式也很多,没有孰优孰劣,只是个人选择罢了。你可能觉得做科学家才是最好的归宿,我可能觉得,日夜兼程,到处奔波,去传递梦想和动力,是我人生的追求。

在我国,每年的高考考生有900多万人,而在2015年,通过网络授课,通过全年60多场大型演讲,影响了300多万人,那么我就把对于未来的憧憬带给了300多万人,这背后有300多万个家庭,或许因为这一次演讲或者一些课程,让自己的孩子更进一步,于我而言,这是一件功德无量的事情,值得我付出毕生的精力去践行。

2016年,在百度年度教育盛典,我被评选为年度教育模范,全国仅6人。

▶ 年度教育模范获奖现场

拿到这个奖的时候，我经常开玩笑，说我拿到了一个看似跟我年龄不相符的奖项。年度教育模范，其实是表彰我在这一年里全国的影响力很大、课程的质量很好、受到学员的好评很高。站在领奖台上的时候，我想到了无数个深夜，要么在讲课，要么在回答学生的问题。在这一年里，我没有一天早于深夜12点休息，基本都是凌晨1点休息，早上6点醒来，风雨无阻，我的强大的自制力曾让家人敬佩，在我身上，你看不到任何的懒惰。

2016年，被评选为优酷最受欢迎的物理老师。

2016年底，杰哥总结过去，写了一篇文章：

《这一年很难，但一切都值得坚持》。

2015年暑假至2016年，这一年，经历了很多，也很艰难，明年可能会更难，但，一切都值得坚持。

◀ 优酷获奖奖牌

2015年以前,我是一名普通且有些傻呆呆的线下老师,课间,学生要求拍照,我会放下手边的工作,摆一个生涩的pose,他们喝的咖啡挺好喝的,偶尔也会尝试一下。上课的时候,我们是师生,下课以后,我们是无话不谈的朋友,他们不喊我老师,习惯性地喊我杰哥。

2015年的暑假,我失业了。

线下运营成本很高,成立的公司刚运营了半年就倒闭了。我不知道该何去何从,开始了到处讲座的生涯,这个暑假,我跑遍了多少城市,见过了多少人,坐过多少深夜发车的卧铺,我记不起来了,或许是不想记起来。同行的伙伴跟我说,在你出去走一走的路程中,会想明白很多问题,飞驰的火车,坐在窗边,望着一望无际的祖国的山川发呆时,所有的苦难都会过去,所有的坚持都是有意义的。

有一次,会场容量有限,有同学坐在外面的地上,听我讲完了一堂课,讲完课下台后,我眼角有些湿润,我想到了高中的自己,孤

▶ 线下授课课间学生拍摄

立无助，渴望知识又不知如何得到，外界的美好，每天都会出现在梦里，没有钱出去学习，只能默默努力。多么渴望有一天，山区农村的孩子，也能享受得起优质的教育。

▲ 学生在教室外听课

2015年的暑假，长达两个月的奔波宣讲后，深夜的陌生的站台上，经常会看到我等车的身影。我坐在深夜回京的卧铺上，辗转难

▲ 深夜卧铺的窗外　　　　▲ 凌晨雨后的北京

眠，同行的人都睡下了，我望着窗外，那一夜，我见到了生平最美的星星。

下车后，凌晨，北京下起了雨，拖着行李箱，走在无人的马路上，感觉世界晴朗起来，就像无数个夜晚曾畅想过的，这个场景似乎在梦中出现过，经历了数月的奔波，终于回到了这个城市。一切都会过去，好的或坏的。

后来的演讲排得越来越多，因为赶场，需要乘飞机去巡讲。那次去西安，凌晨2点从家里出发，当天到达西安，转车到渭南，匆忙吃饭后开始讲，当天深夜，终于到了西安机场，身心疲惫，第一次喝了机场的酒，真的好贵。飞机延误，起飞后到达北京，已经是凌晨1点，从首都机场回到家，正好凌晨2点，似乎是冥冥注定，一天是24小时，我工作了24小时。

飞机延误，即将登机的时候，我让同行的小伙伴帮我拍了张照片

▶ 讲座完毕，西安登机

留念，毕竟，小时候每每看到天上飞机，就好激动，梦想将来有一天经常坐飞机就好了，小时候，还拿竹竿子试图够一下天上的飞机，乐趣无限。有没有觉得工作了24小时的杰哥依旧英姿飒爽，那种感觉很神奇，小时候望着天空渴望坐飞机旅行，长大了，每周都坐飞机飞往各地演讲，想不到是如此的辛苦。

回到北京以后，就开始制作视频课，因为也不知道大家喜欢什么风格，于是做了好多尝试，我会对着摄像机手舞足蹈，不知情的人，一定以为我是病了。后来有一次在家里直播，对着电脑手舞足蹈地讲授，家人看了，吓了一跳。别人笑我太疯癫，我笑别人看不穿。当你知道我多么热爱讲课这件事情时，也就能理解，我为何如此痴狂了。

▲ 讲授课程

各种风格都尝试过了，搞笑卖萌的、高冷学术的、另类奇葩的……

适应了镜头前的表现，终于找到了适合的风格，其实所谓适合，不过是这样讲，学生更容易听懂、更容易提分。毕竟，我们是服务行业，满足用户需求才是最重要的。

当然了，中间有过质疑，有过谩骂，得到过很多帮助，也承受过很多诋毁，有过羡慕、有过嫉妒，世间一切都是美好、一切都是经历，用心地去感受。

后来各大媒体对我增加了关注。先是中国新闻网为我拍摄了成长纪录片，这个片子，把一年的努力，浓缩成了7分钟，有一天晚上，在家默默地看完，然后，又看了一遍。留下的照片不多，主要是跟踪记录一天的生活，浓缩为纪录片。保留了一张有纪念意义的，2006年从北京站出来，来到清华大学报道，2016年，10年后，我再次从北京站出来，拍了个人成长纪录片。

▲ 中国新闻网跟拍生活

后来《参考消息》《今日头条》《法新社》《北京周报》《多知网》等多家媒体对我做了报道，尤其感谢芥末堆、感谢初九，让我在北京国际会议中心做了演讲。

▲《北京周报》的报道

▲ 教育科技大会演讲

　　感谢百度,把我评选为2016年度教育模范,全国一共评选出6人,我有幸成为其中一位。太多的感谢都在心里,我会继续努力。

　　有朋友看完,说:杰哥,你老了。

　　今天早起,拍到了北京最美的朝霞。

　　其实,要写的很多,要感谢的也很多,可以写365天,每天都在忙碌着,不知道该怎么写最后的感谢,就像不喜欢站前的离别一样。

　　忽然想起了昨晚的一场对话。

▲ 一招商学院特聘讲师

▲ 百度教育模范奖杯

朋友：杰哥，明年带我一起出去巡讲吧！

杰：你在深夜赶场的卧铺里数过星星吗？

朋友：没有，但是想去。

杰：好，春天带上你。

感谢大家，感谢时代。

2017年，独家签约网易，成为网易独家高考授课教师。

同年，在高考中，我的学生如愿考上了清华、北大、港大、浙大等名校。

2017年，网易有道粉丝节，杰哥代表教师发表了励志演讲。

在粉丝节的演讲：

我是2006年参加的高考，2005年时，学校组织排名前15名的同学去清华、北大参观。我那时候是个农村的孩子，连县城都没出去过，到了清华特激动。我们宿舍那会儿四个哥们儿就说，为什么其他人都能考上我们不能啊？我们站在清华的校园里，励志说明年我们四个人

▶ 北京的晚霞

一定要站在这个地方。

我们是山东省考生,你懂得,那年考生77.6万人,清华、北大只招60个学生,这个比例你算算就知道了。立个目标从来不难,2个月后,我忘了当时的激动,觉得高三实在太苦了,心想去个北理工或者北航也行啊,再往后,我安慰自己说,能考上大学就行。

人啊,对自己的要求,都是一天一天逐渐下降的,放弃从来就不是一瞬间的事儿。你最终会发现,就在激情和梦想一天一天消磨的时候,你离最初的目标和梦想,早已差出了十万八千里。

所以你需要定期地刺激自己,始终问自己你最初的梦想是什么,曾经让你充满心气儿的事情是什么。当我对自己的要求是考上大学就行了的时候,我们学校请了一位山东省的理科状元来演讲,我一看那个状元，长得还没我帅气，说话也没我伶俐，我又来劲儿了，心想：他可以我凭什么不行？！接着又重新燃起了斗志。斗志，不断浇灭又不断被燃起，挺有意思的。

▶ 网易粉丝节演讲现场

除了这样一股子一股子的斗志，我们更需要平和、持续的努力。记得高考时，刚考完语文，我就看到女同学坐在操场台阶上哭，也有很多同学因为心态摆得不好，考完第一科就崩溃，后面越发挥越差。

而与此同时，还有一些同学考完了就回到宿舍，也不说话，默默复习下一科，心态平和，目光笃定。这样的人，往往发挥得很好。所以说，碰到任何问题、挫折，先要做的是相信自己能做到，然后付出100%的努力。

那年高考，我们班考得非常好，建校以来第一个考上清华的学生就出自我们班，还有很多同学考入人大、北航这样的好学校。进入大学里的状态，可以说是千差万别。有一位同学高考失利了，没有去上理想中的大学，他那会儿就说这四年我一定努力，一定要去北大，结果一路苦苦坚持考上了北大的研究生，继而去耶鲁读了博士，成了在华尔街工作的人。默默坚持很苦，但能真正做到的人很少，所以他们能看到坚持的意义。

你知道吗？在我们那个小县城，现在拥有最好的两条公路的村就是我们村和他们村。为庆祝村里出现了第一位清华学生，我们村连续放了三天三夜的鞭炮。村里的长辈说，我们村的公路有着落了，老人也有着落啦！所以毕业后赚到钱，我先把路给修了，然后每年回去，都给70岁以上的老人包大红包，每次回去，我都感觉骄傲。

有的时候，你的梦想暂时没有完美的实现不要紧，但只要你一直记着、一直坚持，就一定会到达。

当然也有位同学跟我考进清华的同一班，那时候流行"网恋"，他不幸入坑，考试没有及格被打回原籍回到老家。清华有很多制度是非常严格的，比如末位淘汰制、没有补考等，物理又比较难，所以很多学生大一都会一刻不敢松懈地学，而放纵自己沉溺游戏、恋爱的很多同学，可能就没有那么幸运，这位同学第二年重新高考进了南京大学，从此杳无音讯。

如果你考到了一个很好的环境里，那么恭喜你，那里特别有助于成长，而如果不是那么好，你也一定要坚持自己才行。大学里的诱惑特别特别多，不是每个人都能自律，不要相信自己的底线，很多人没有底线，承受诱惑的能力也差。

不是危言耸听，你想想，大学里四人一间的宿舍，其他三位都有女朋友，你一定会想竭尽全力去找对象。同学都出去玩或者组队打游

▶ 网易粉丝节学生合影留念

戏，你在宿舍做物理题，是不是有点难受？

但杰哥想跟你说的是，"活在当下"这四个字真的很重要，每个时期都有每个时期要做的事情，不要贸然就扎到一个看似新鲜有趣的地方，这有可能浪费了你特别特别宝贵的青春。我现在30岁，觉得大学那是最好的时光，有句话说读书人有自己的世界，你不妨去体验一下。沉浸在知识里给你带来的乐趣，更长久也更高品质，比起那些瞬时短期的刺激和诱惑，它也来得更酷。

在上大学之前，我给你们的忠告就是：每个时期做每个时期的事情，回头展望的时候不后悔，这很重要。我曾经在课上说过，生存很累，一半是因为生存；另一半是因为攀比，大家出身不一样，选择不一样，只要你把自己拥有的时间都利用好，就已经很棒了。

2.不忘初心，永远努力

上课的时候，我经常喜欢跟学生们分享一句话，做最好的自己，永远谦卑、永远善良、永远努力、永远豁达。最喜欢苏轼的《定风波·莫听穿林打叶声》，作为本书的结尾。

《定风波·莫听穿林打叶声》

苏　轼

三月七日，沙湖道中遇雨。雨具先去，同行皆狼狈，余独不觉。已而遂晴，故作此词。莫听穿林打叶声，何妨吟啸且徐行。竹杖芒鞋轻胜马，谁怕？一蓑烟雨任平生。料峭春风吹酒醒，微冷，山头斜照却相迎。回首向来萧瑟处，归去，也无风雨也无晴。

人生沉浮，喜怒哀乐，如转眼云烟，坚持梦想，坚持正义，永远阳光，永远努力。

未来很美好，值得我们一起努力。

学贵得师,亦贵得友

（编辑手记）

　　七年前,我的老师。七年后,我的挚友。

　　珠市口的冬天是那么冷,街上的煎饼车也早早地收摊了。讲台上那个单薄瘦弱却神采飞扬的小伙子,便是杰哥。那是一个对教学高度专注的老师,也是一个大我们五六岁的"孩子王"。每每下课,总有一些"追星"的小姑娘拿着笔记本围在讲台旁问前问后。冬日里的那一抹阳光照进来,暖暖的。学生们求知的脸庞和杰哥温暖的笑容,便是我对那个阶段全部的回忆了。

　　七年后,杰哥问起我,"多年没见,觉得我变化大吗？"我不假思索地回答了他,变成熟了,不是记忆中的大小伙子了。杰哥是一个"铁人",认识他的人都这么评价他。数着星星去巡讲、看着月亮回北京的日子早已成了日常。"你见过凌晨4点的洛杉矶吗？"我想,杰哥的回答一定是,奋斗的你,唯有星辰作伴。

　　有些同学总喜欢问,现在开始努力是否还来得及。那么,本书读到这里你应该已经有了答案。谁没有过迷茫,谁没有过梦想。努力了不一定会成功,但每一次努力都向成功靠近了一步,每个人都会登上属于自己的舞台。

　　幸运的是,我成了老师著作的第一位读者,读着故事几度感动。

知识改变命运，可能每个孩子都曾有一个"清华梦"，倔强的孩子背后是对成功的渴望，这里的倔强大概是那份认真、执着吧。我想说的是，寒门下的子弟，无须去感叹命运的不公，无法改变命运的风向，但却可以调整前进的风帆，路在脚下，梦在远方。

有一次我问杰哥，像你这样的业界"红人"巡讲一定有很多赞助吧，杰哥回答说，"穷则独善其身，达则兼济天下"，有许多场是免费去讲，因为要让那些偏远且教育资源不足地区的孩子都有得到教育的机会，要让更多的孩子看到希望。那一刻，我懂得了老师的含义。

"师者，所以传道受业解惑也"。许多老师放弃了高薪的工作，放弃了站在聚光灯下光鲜亮丽的机会而投身于教育事业，为的是用自己的微光为更多的孩子照亮前行的道路。

朴实的语言，真挚的情感，不用华丽的修辞，也不曾刻意催泪。就这样，这本书诞生了。

此时此刻，那个在课堂上聚精会神的你，那个在考场上奋笔疾书的你，那个在工作岗位上拼搏的你，那个正在为理想努力的你，请坚信：凡心所向，素履可往。

曾经的学生，永远的朋友